Ina Kiowski
Prüfungsfragen für Werker

Ina Kiowski

Prüfungsfragen für Werker

66 Abbildungen

Inhaltsverzeichnis

Fragen

Lösungen

Vorwort

Bücher zur Prüfungsvorbereitung für Gärtner gibt es viele. Leider bisher aber keines, welches sich in der Werkerausbildung einsetzen lässt. Durch die Vielfalt der Lernbehinderungen ist es in dieser Ausbildungsform nicht immer leicht, die richtige Fragestellung zu finden. Die vorliegende Arbeitshilfe, vorrangig gestaltet in Multiple Choice, soll allen Kolleginnen und Kollegen die Möglichkeit geben, eine effektive Prüfungsvorbereitung zu gestalten oder einfach nur Fragen für eine Kontrollarbeit zu entnehmen. Die Schülerinnen und Schüler können ihr Wissen damit während der gesamten Ausbildungszeit ständig kontrollieren und sich so auf die Prüfungen vorbereiten. Je sicherer das Wissen, desto weniger Angst haben die Auszubildenden vor Prüfungen.

Bei der Einteilung der Fragen habe ich mich auf die Fachgebiete im Gartenbau bezogen. In einigen Bundesländern wird nach diesen unterrichtet, in anderen nach Lernfeldern, die sich wiederum von Bundesland zu Bundesland unterscheiden. Verzichtet habe ich auch auf Pflanzen, da es durch die Kulturhoheit der einzelnen Bundesländer Unterschiede in den Pflanzenlisten geben kann.

Einen großen Dank möchte ich an meine Kollegen richten, die alle Fragen genauestens unter die Lupe nahmen. Ebenfalls danken möchte ich meinen Schülern. Sie mussten öfter als „Versuchskaninchen" herhalten, was ihnen hoffentlich bei der nächsten Prüfung zu Gute kommt. Ganz besonders Danke sagen möchte ich auch meinen Männern, die mich zu Hause von Allem befreiten, was mit Haushalt zu tun hat und mir auch bei dem ein- oder anderen computertechnischen Problem auf die Sprünge halfen. Mein letzter Dank gilt den Mitarbeitern vom Ulmer Verlag, vor allem Werner Baumeister.
Er war nie müde, meine vielen Fragen rund um die Erstellung eines Buches geduldig zu beantworten.

Ina Kiowski im Sommer 2015

1 Allgemeines Fachwissen

1.1 Pflanzenkenntnisse

1 **Benennen Sie die Teile einer Samenpflanze richtig!**
Wurzel, Samen, Sprossachse, Blüte, Laubblatt, Knospe, Frucht

2 **In welcher Zeile sind die drei Grundorgane einer Pflanze angegeben?**

A Laubblatt, Blüte, Wurzel
B Wurzel, Laubblatt, Sprossachse
C Blüte, Sprossachse, Wurzel

3 **Ordnen Sie die Bestandteile der Pflanzenzelle der Abbildung zu!**

A Chloroplast
B Vakuole
C Zellwand
D Zellkern
E Zellplasma
F Tüpfel

4 **In welchem Teil der Zelle befinden sich die Erbanlagen?**

A Im Zellkern
B In der Zellwand
C In der Vakuole

5 **Beschriften Sie die Abbildung des Samenkorns. Verwenden Sie dazu folgende Begriffe!**

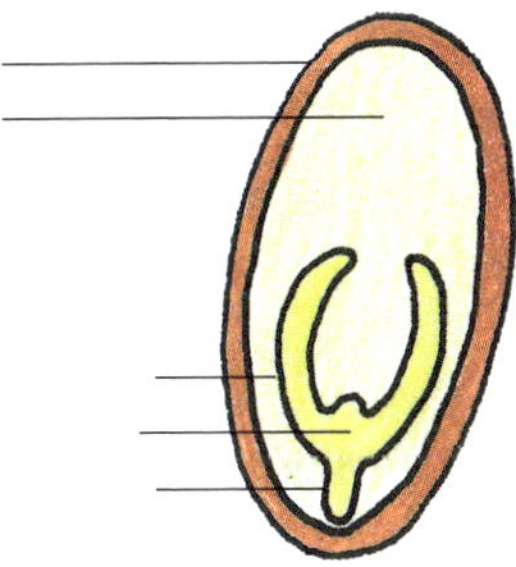

Keimblätter, Samenschale, Keimachse, Embryo, Keimwurzel, Nährgewebe

6 **Woraus besteht der Keimling bzw. Embryo?**

A Keimwurzel, Laubblatt, Keimachse
B Keimblätter, Keimachse, Keimwurzel
C Keimblätter, Sprossachse, Keimwurzel

7 **Wozu dient die Samenschale?**

A Sie ist Schutz vor Tierfraß, Austrocknung, Pilzen und Bakterien.
B Sie ist Schutz vor Tierfraß und Verbreitung.
C Sie ist Schutz vor Austrocknung und Gasaustausch.

8 **Welche Aussage ist richtig?**

A Das Nährgewebe schützt vor Pilzen und Bakterien.
B Das Nährgewebe lagert Stoffe ein, die der Ernährung des Keimlings dienen.
C Das Nährgewebe ist ein winziges Pflänzchen im Tiefschlaf.

9 **Bei der Keimung**

A nimmt das Samenkorn zuerst Wasser auf.
B muss das Samenkorn völlig ausgetrocknet sein.
C entstehen zuerst die Keimblätter.

10 **Ab welchem Zeitpunkt kann der Keimling ohne Reservestoffe leben?**

A Sobald die Samenschale gesprengt ist.
B Sobald die Keimblätter über dem Boden erscheinen.
C Sobald die Keimwurzel gewachsen ist.

11 **Die Keimung gibt es als**

A epigäische und hypogäische Keimung.
B epidämische und hydroponische Keimung.
C einfache Keimung.

12 **Was bildet die Pflanze bei der Keimung zuerst aus?**

A Die Frucht
B Den Trieb
C Die Wurzel

13 Welche wesentliche Aufgabe haben die Keimblätter?

A Sie sollen Insekten anlocken.
B Sie dienen der Luftwurzelbildung.
C Sie dienen der Speicherung von Wasser und Nährstoffen.

14 Bei der Durchführung der Aussaat ist zu achten auf

A die richtige Aussaatmaschine.
B die richtige Bodentemperatur.
C dass das Saatgut immer eingeweicht wird.

15 Welche Aussaatmethode gibt es?

A Doppelsaat
B Schmalsaat
C Breitsaat

16 Was sollte man mit Lichtkeimern nach der Aussaat tun?

A Mit Zusatzlicht versorgen
B Nicht übersieben
C Kühl und dunkel aufbewahren

17 Samen werden verbreitet durch

A Fahrzeuge, Wind, Wasser
B Menschen, Tiere, Internet, Wind
C Wind, Wasser, Mensch/Tiere

18 Wie sollte man Saatgut lagern?

A dunkel und feucht
B hell und trocken
C trocken und kühl

19 Welche Verarbeitungsformen von Saatgut gibt es?

A gebeiztes, pilliertes, granuliertes Saatgut
B pilliertes, dragiertes, gebranntes Saatgut
C kalibriertes, gewogenes, imprägniertes Saatgut

20 Welche Faktoren gehören zur Saatgutqualität?

A Reinheit, Klarheit
B Tausendkorngewicht, Keimfähigkeit
C Dichte, Keimfähigkeit

21 Was regelt das Saatgutverkehrsgesetz?

A Es regelt die Überwachung des Handels mit Saatgut.
B Es regelt, auf welchen Verkehrswegen Saatgut transportiert werden darf.
C Es dient der Verbreitung aller Saatgutarten im internationalen Bereich.

22 Die Pflanzenwurzel hat die Aufgabe

A Schädlinge abzuwehren.
B die Pflanze im Boden zu verankern und Wasser und Nährsalze aufzunehmen.
C Insekten anzulocken.

23 Bei zweikeimblättrigen Pflanzen besteht die Wurzel
- **A** aus einer Hauptwurzel, die sich verzweigt.
- **B** aus vielen gleichdicken Büschelwurzeln.
- **C** es ist keine Wurzel vorhanden

24 Welche Reihenfolge der einzelnen Zonen der Wurzelspitze ist richtig? (von unten nach oben)
- **A** Ernährungszone, Zellbildungszone, Verzweigungszone, Zellstreckungszone
- **B** Verzweigungszone, Zellstreckungszone, Ernährungszone, Zellbildungszone
- **C** Zellbildungszone, Zellstreckungszone, Ernährungszone, Verzweigungszone

25 Nur die Wurzelhaare
- **A** können Wasser und Nährstoffe aufnehmen.
- **B** schützen den Wachstumspunkt.
- **C** bilden sich in der Verzweigungszone.

26 Flachwurzler
- **A** sind bei großer Trockenheit oft noch grün.
- **B** wachsen dicht unter der Erdoberfläche.
- **C** strecken ihre Wurzeln tief nach unten.

27 Bei Tiefwurzlern ist
- **A** die Seitenwurzel besonders stark ausgeprägt.
- **B** das Wurzelsystem in Büscheln angelegt.
- **C** die Hauptwurzel besonders lang.

28 Wie kann ein Gärtner das Wurzelwachstum fördern?
- **A** Die Wurzeln einweichen.
- **B** Wurzelschnitt, Wurzelhormone, Anhäufeln.
- **C** Die Wurzeln ausgraben und durchtrocknen lassen.

29 Typische Wurzelumwandlungen sind
- **A** Saugwurzeln, Luftwurzel, Rübe.
- **B** Atemwurzel, Luftwurzel, Haftwurzel.
- **C** Stützwurzel, Fangwurzel, Haustorien.

30 Aufgabe der Wurzelknolle ist
- **A** die geschlechtliche Vermehrung.
- **B** die Sauerstoffaufnahme.
- **C** die Nährstoffspeicherung.

31 Wurzelhaare
- **A** dienen der Verankerung im Boden.
- **B** werden nur bei Jungpflanzen gebildet.
- **C** nehmen Wasser und Nährstoffe auf.

32 Die Verankerung der Pflanze im Boden erfolgt durch

- **A** die Adventivachse.
- **B** die Sprossachse.
- **C** die Pfahlwurzel oder Hauptwurzel.

33 Wodurch wird die Wurzelspitze geschützt?

- **A** Durch die Seitentriebe.
- **B** Durch die Wurzelhaare.
- **C** Durch die Wurzelhaube.

34 Was ist eine Adventivwurzel?

- **A** Eine Wurzel, die sich komplett am Spross bildet.
- **B** Eine Wurzel, die sehr stark ausgebildet ist.
- **C** Eine Wurzel, die tief in die Erde reicht.

35 Wodurch kann das Wurzelwachstum gefördert werden?

- **A** Durch viel Zugabe von Nährstoffen.
- **B** Durch das teilweise Abstechen des Ballens.
- **C** Durch eine hohe Wasserversorgung.

36 In welcher Form werden Nährstoffe durch die Pflanzenwurzeln aufgenommen?

- **A** In fester Form.
- **B** Überhaupt nicht.
- **C** In gelöster Form.

37 Die Aufgaben der Sprossachsen sind

- **A** das Tragen der Blätter und Blüten, Wasser- und Nährstoffaufnahme, Ausrichtung zum Licht.
- **B** die Verankerung im Boden, Ausrichtung zum Licht, Tragen der Blüten und Blätter.
- **C** die Wasser- und Nährstoffleitung, Tragen der Blüten und Blätter, Ausrichtung zum Licht.

38 Benennen Sie den gekennzeichneten Teil der Sprossachse! Verwenden Sie dazu folgende Begriffe.

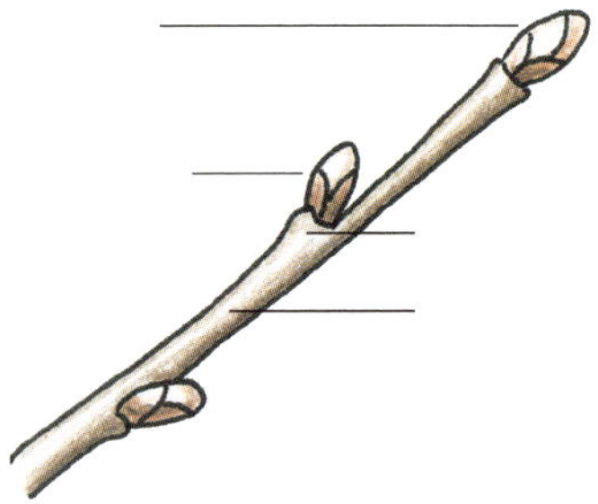

Seitenknospe, Internodium, Endknospe, Nodium.

39 **Ordnen Sie die Teile dem Sprossachsenquerschnitt richtig zu!**

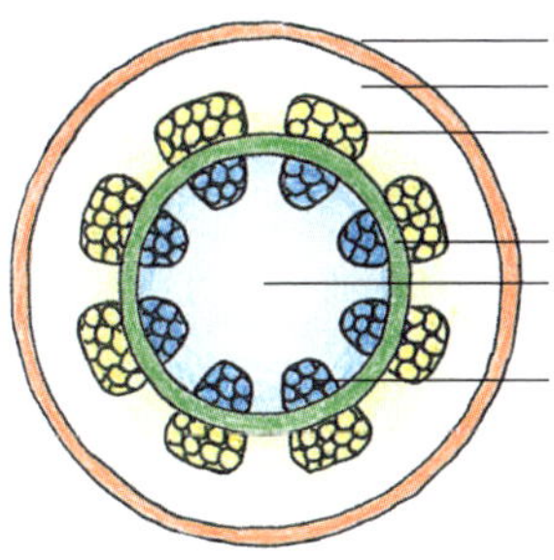

Holzteil, Mark, Siebteil, Rinde, Sprosshaut, Kambium.

40 **Wie nennt man die beiden Leitungen in den Leitbündeln?**

A Monolem und Polylem.
B Lysolem und Phagolem.
C Xylem und Phloem.

41 **In welchem Teil der Sprossachse werden vorrangig Nährstoffe transportiert?**

A In der Epidermis.
B Im Holzteil.
C Im Siebteil

42 **In welchem Teil der Sprossachse wird das Wasser von unten nach oben transportiert?**

A Im Xylem (Holzteil).
B Im Phloem (Siebteil).
C Im Mark.

43 **Nodien oder Blattknoten sind**

A Stellen, an denen die Blätter aus dem Spross herauswachsen.
B Wucherungen wegen einer Krankheit.
C Stellen, an denen die Pflanzen am besten vernichtet werden können.

44 **Internodien oder Zwischenknotenstücke sind**

A der Sprossabschnitt zwischen Blüte und Seitenspross.
B der Sprossabschnitt zwischen den Nodien.
C der Sprossabschnitt zwischen Wurzel und Seitenspross.

45 **Rundliche Knospen sind**

A Blütenknospen.
B Blattknospen.
C Blüten- und Blattknospen.

46 **Längliche Knospen sind**

A Blütenknospen.
B Blattknospen.
C Blüten- und Blattknospen.

47 **Sprossarten sind**

A Stängel, Schaft, Halm, Stamm.
B Schaft, Halm, Strohhalm, Zweig.
C Ast, Rundholm, Stängel, Schaft.

48 Wuchsformen der Sprossachse sind.
- **A** schlängelnd, aufrecht wachsend, windend.
- **B** aufrecht wachsend, kletternd, kriechend, windend.
- **C** kletternd, kriechend, rollend, aufrecht wachsend.

49 Was kann man am Kambium erkennen?
- **A** Das Alter der Bäume.
- **B** Den Nährstoffmangel.
- **C** Den Nährstoffüberschuss.

50 Sprossumwandlungen sind
- **A** Haustorien, Rhizom, Ausläufer.
- **B** Sprossknolle, Rübe, Zwiebel.
- **C** Ausläufer, Zwiebel, Sprossranke.

51 Sprossdornen dienen
- **A** der Pflanze als Schutz vor Wildfraß.
- **B** der Pflanze zur Ausrichtung zum Licht.
- **C** der Pflanze zur Verschönerung.

52 Ein Halm ist
- **A** hohl und beblättert.
- **B** verzweigt und unbeblättert.
- **C** hohl und verzweigt.

53 Ein Halm hat
- **A** keinen Spross.
- **B** einen krautigen Spross.
- **C** einen Erdspross.

54 Was bezeichnet man als Rhizom?
- **A** Einen Erdspross.
- **B** Einen Halm.
- **C** Einen Stiel.

55 Was ist eine Zwiebel?
- **A** Eine Knolle.
- **B** Eine Blattmetamorphose.
- **C** Ein gestauchter Spross.

56 Welche Funktionen haben die Laubblätter?
- **A** Photosynthese, Gasaustausch, Verdunstung
- **B** Transpiration, Photosynthese, Nährstoffaufnahme
- **C** Aufnahme von Wasser und Nährstoffen, Diffusion

57 **Beschrifte die Abbildung richtig!**

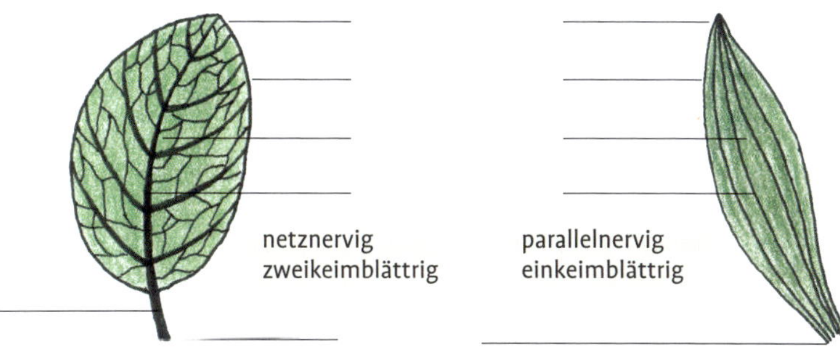

Blattrand, Blattgrund, Blattfläche, netznervig, Blattspitze, zweikeimblättrige, parallelnervig, Blattadern, Blattstiel, einkeimblättrige.

58 **Wo befindet sich an einem Blatt die Epidermis?**

A Nur auf der Blattunterseite.
B Als Schutzgewebe auf der Ober- und Unterseite des Blattes.
C In den Spaltöffnungen.

59 **Was geschieht in den Blattadern?**

A Nur dort findet die Photosynthese statt.
B Es werden Wasser und Nährstoffe transportiert.
C Es werden nur Nährstoffe gespeichert.

60 **Welche Funktion haben die Spaltöffnungen?**

A Speicherung von Wasser und Nährstoffen
B Verdunstung und Gasaustausch
C Befruchtung

61 **Warum gibt es eine Wachsschicht auf den Blättern?**

A Damit das Wasser richtig abperlen kann.
B Sie dient zum Schutz vor Verdunstung.
C Zur Verschönerung der Blattoberfläche.

62 **Was bedeutet der Begriff „Blattmetamorphose“?**

A Blattsteckling
B Blattgrund
C Blattumwandlung

63 **Was sind Beispiele für Blattmetamorphosen?**

A Fangblätter, Blattranken, Blattsukkulenten
B Hochblätter, Unterblätter, Blattdornen
C Blattstacheln, Niederblätter, Speicherblätter

64 **Laubblätter**
- **A** enthalten Blattgrün.
- **B** sind verantwortlich für die generative Vermehrung.
- **C** sind Keimblätter.

65 **Wie bezeichnet man den Bereich des Blattquerschnittes, auf den der Pfeil zeigt?**

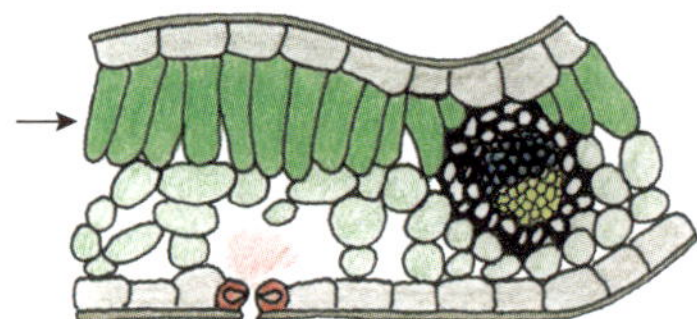

- **A** Spaltöffnungen
- **B** Kutikula
- **C** Palisadengewebe

66 **Wir unterscheiden bei Geweben zwischen**
- **A** Luxusgewebe, Dauergewebe
- **B** Bildungsgewebe, Nährmittelgewebe
- **C** Dauergewebe, Bildungsgewebe

67 **Das Speichergewebe dient**
- **A** der Speicherung von Reservestoffen.
- **B** der Ansammlung von Chlorophyll.
- **C** der Regulierung des Gasaustausches.

68 **Beim Bildungsgewebe**
- **A** haben die Zellen ihre Funktionen verloren.
- **B** bleiben die Zellen teilungsfähig.
- **C** haben die Zellen ihre Teilungsfähigkeit verloren.

69 **Wie unterscheiden sich die Laubblätter von ein- und zweikeimblättrigen Pflanzen?**
- **A** Durch die Netzadrigkeit der Laubblätter bei Zweikeimblättrigen Pflanzen.
- **B** Durch die Parallelnervigkeit der Laubblätter bei Zweikeimblättrigen Pflanzen.
- **C** Durch die Netzadrigkeit bei Einkeimblättrigen Pflanzen.

70 **Wonach richten die Pflanzen ihre Blattstellung?**
- **A** Nach dem Lichteinfall
- **B** Nach der Himmelsrichtung
- **C** Nach der Wetterseite

71 **Was ist ein Hochblatt?**
- **A** Ein besonders hoch stehendes Blatt
- **B** Eine Blüte
- **C** Auffällig gefärbte Blätter in der Blütenregion

72 **Was ist keine Beschreibung für die Form des Blattrandes?**
- **A** gegenständig
- **B** gebuchtet
- **C** gesägt

73 Was ist keine Beschreibung für die Stellung der Blätter an der Sprossachse?

A kreuzgegenständig
B gelappt
C wechselständig

74 Um welche Blattform handelt es sich?

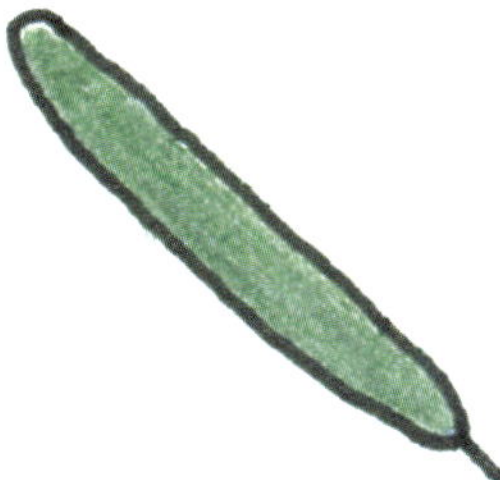

A nadelförmig
B linealisch
C stangenförmig

75 Welche Blattform ist gemeint?

A gefingert
B gefiedert
C handförmig

76 Um welchen Blattrand handelt es sich?

A gekerbt
B gezähnt
C gesägt

77 Welcher Blattrand ist gemeint?

A ganzrandig
B gebuchtet
C gekerbt

78 **Tragen Sie folgende Begriffe in das nachstehende Schema ein!**

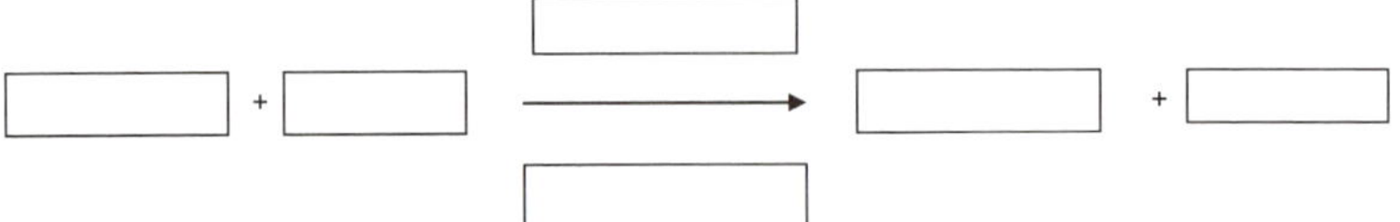

Sauerstoff, Wasser, Kohlenstoffdioxid, Blattgrün, Sonnenlicht, Traubenzucker

79 **Wo findet die Photosynthese statt?**

A In der Sprossachse.
B In der Wurzel.
C In dem Laubblatt.

80 **In welchem Gewebe findet die Photosynthese statt?**

A Im Palisadengewebe.
B Im Schwammgewebe.
C Im Hautgewebe.

81 **Was benötigt eine Pflanze zur Photosynthese?**

A Chlorophyll, Wasser, Insekten, Kohlenstoffdioxid.
B Wasser, Licht, Nährstoffe, Traubenzucker.
C Chlorophyll, Licht, Wasser, Kohlenstoffdioxid.

82 **Was geschieht bei der Photosynthese?**

A Sauerstoff wird abgegeben.
B Traubenzucker wird abgebaut.
C Kohlenstoffdioxid wird abgegeben.

83 **Wann funktioniert die Photosynthese am besten?**

A Bei ausreichend Wasser, ausreichend Kohlenstoffdioxid, ausreichend Licht, ausreichend Wärme.
B Bei ausreichend Wärme, ausreichend Menschen, ausreichend Licht.
C Bei ausreichend Kohlenstoffdioxid, ausreichend Wasser, ausreichend Pflanzenschutzmittel.

84 **Welche Aussage zur Photosynthese und Atmung ist richtig?**

A Die Photosynthese findet nur in den grünen Pflanzenteilen statt, die Atmung in allen lebenden Pflanzenteilen.
B Beide Vorgänge finden in den Chloroplasten statt.
C Bei beiden Vorgängen wird Sauerstoff abgegeben.

85 **Ohne Photosyntheseleistung der Pflanzen wäre auf der Erde kein Leben möglich. Wieso nicht?**

- **A** Es gäbe keinen Stickstoff und keinen Traubenzucker.
- **B** Es gäbe keine Nahrung und keinen Sauerstoff.
- **C** Es gäbe kein Kohlenstoffdioxid und kein Sonnenlicht.

86 **Beschrifte folgende Abbildung!**

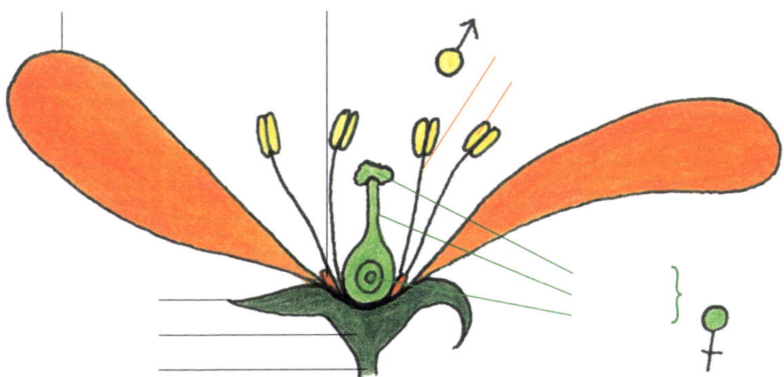

Duftdrüsen, Staubblätter, Griffel, Kelchblätter, Blütenstiel, Narbe, Blütenblätter, Staubbeutel mit Pollen, Fruchtknoten, Blütenboden, Stempel.

87 **Die Blüte dient**

- **A** der Verankerung im Boden.
- **B** der geschlechtlichen Vermehrung.
- **C** der Wasser- und Nährstoffaufnahme.

88 **Die Blüte ist**

- **A** ein schönes Beiwerk der Pflanze.
- **B** eine Umwandlung der Sprossachse oder Laubblätter.
- **C** eine Umwandlung der Wurzel.

89 **In welcher Zeile stehen nur Blütenteile?**

A Staubblätter, Kronblätter, Fruchtblätter.
B Blattadern, Wurzelhaare, Fruchtblätter.
C Duftdrüsen, Spaltöffnungen, Kelchblätter.

90 **Beschrifte die Abbildung richtig!**

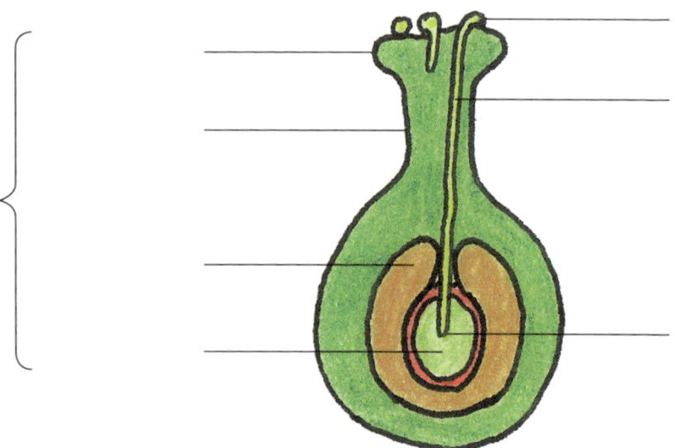

Narbe, Griffel, Fruchtknoten, Stempel, Samenanlage, Pollenschlauch, Verschmelzung, Pollenkörner.

91 **Der Stempel ist**

A ein männliches Blütenorgan.
B ein weibliches Blütenorgan.
C ein einhäusiges Blütenorgan.

92 **Welcher Teil der Blüte ist das weibliche Geschlechtsorgan?**

A Das Fruchtblatt.
B Das Hochblatt.
C Das Staubblatt.

93 **Wie wird eine Blüte genannt, die einen Stempel und Staubblätter enthält?**

A weibliche Blüte
B eingeschlechtliche Blüte
C zwittrige Blüte

94 **Welche Funktion hat der Fruchtknoten?**

A Er enthält die Samenanlage.
B Er lockt Insekten an.
C Er soll die Blütenteile zusammen halten.

95 **Wie bezeichnet man folgenden Blütenstand?**

A Körbchen
B Ähre
C Traube

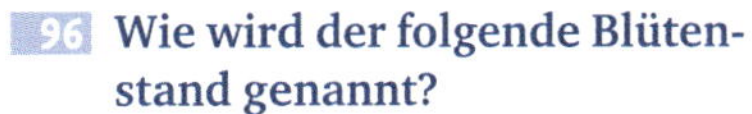

96 **Wie wird der folgende Blütenstand genannt?**

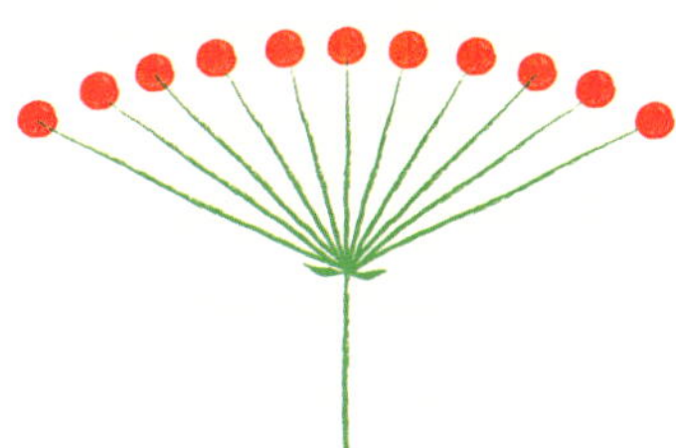

A Dolde
B Traube
C Körbchen

97 **Wie bezeichnet man folgenden Blütenstand?**

A Körbchen
B Kolben
C Traube

98 **Benenne den folgenden Blütenstand richtig!**

A Dolde
B Körbchen
C Köpfchen

99 **Wie wird der folgende Blütenstand bezeichnet?**

A Körbchen
B Traube
C Kolben

100 **Welche Aufgabe haben die Kron- bzw. Blütenblätter der Pflanze?**

A Sie erzeugen den Pollen.
B Sie locken Insekten an.
C Sie sind verantwortlich für die vegetative Vermehrung.

101 **Welche Aufgabe haben die Staubgefäße?**

A Sie erzeugen den Blütenstaub (Pollen).
B Sie locken Insekten an.
C Sie erzeugen einen Duft.

102 **Woraus besteht der Stempel?**

A Aus Fruchtknoten, Kelchblatt, Blütenblatt.
B Aus Narbe, Pollenschlauch, Blütenboden.
C Aus Narbe, Griffel, Fruchtknoten.

103 **Die Farbe der Blütenblätter**

A richtet sich nach der Tageslänge.
B lockt Insekten an.
C wird nur durch das Chlorophyll gebildet.

104 **Welche Aussage entspricht nicht der Wahrheit?**

- **A** Aus dem Fruchtknoten einer Blüte entsteht nach der Befruchtung eine Frucht.
- **B** Die Pflanzen bilden Früchte aus, um ihre Ernährung zu sichern.
- **C** Ein Samenkorn besteht aus Keimling, Samenschale und Nährgewebe.

105 **Was bedeutet es, wenn eine Pflanze einhäusig ist?**

- **A** Weibliche und männliche Geschlechtsorgane sind an einer Blüte.
- **B** Weibliche und männliche Blüten sind an einer Pflanze.
- **C** Eine Pflanze mit weiblichen Blüten und eine Pflanze mit männlichen Blüten.

106 **Was bedeutet es, wenn eine Pflanze zweihäusig ist?**

- **A** Es gibt eine Pflanze mit weiblichen und eine Pflanze mit männlichen Geschlechtsorganen.
- **B** Es sind weibliche und männliche Blüten an einer Pflanze.
- **C** Es sind weibliche und männliche Geschlechtsorgane in einer Blüte.

107 **Was ist eine zwittrige Pflanze?**

- **A** Es befinden sich weibliche und männliche Blüten an einer Pflanze.
- **B** Es gibt eine Pflanze mit weiblichen und eine mit männlichen Geschlechtsorganen.
- **C** Weibliche und männliche Geschlechtsorgane befinden sich in einer Blüte.

108 **Bestäubung bedeutet**

- **A** Dass der Blütenpollen auf die Narbe der Blüte gelangt.
- **B** Dass der Blütenpollen auf das Kelchblatt der Blüte gelangt.
- **C** Dass der Samen auf die Narbe der Blüte gelangt.

109 **Welche Arten der Bestäubung gibt es?**

- **A** Tierbestäubung, Windbestäubung, Selbstbestäubung.
- **B** Selbstbestäubung, Fremdbestäubung, Felsenbestäubung.
- **C** Tierbestäubung, Luftbestäubung, Fremdbestäubung.

110 **Um welche Geschlechtsverteilung handelt es sich in folgender Abbildung?**

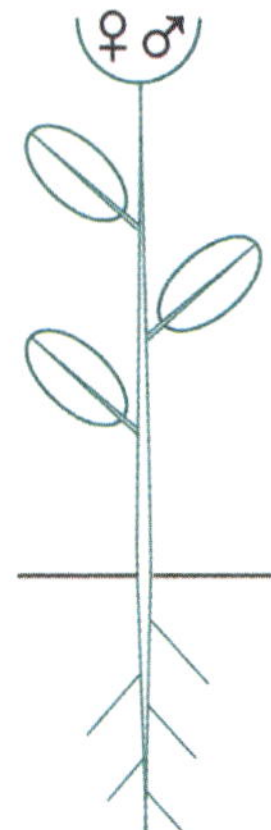

- **A** zwittrige Pflanze
- **B** zweihäusige Pflanze
- **C** einhäusige Pflanze

111 **Um welche Art der Bestäubung handelt es sich in folgender Abbildung?**

- **A** Selbstbestäubung
- **B** Fremdbestäubung
- **C** Direktbestäubung

112 **Was sind höhere Pflanzen?**

- **A** Pflanzen mit echten Wurzeln, Sprossachsen und Blättern.
- **B** Algen, Flechten, Moose.
- **C** Pflanzen mit einem Wuchs von mindestens einem Meter.

113 **Was versteht man unter dem Begriff „niedere Pflanzen"?**

- **A** Algen, Flechten, Moose.
- **B** Pflanzen, die höchstens 10cm hoch werden.
- **C** Samenpflanzen.

114 Was sind blütenlose Pflanzen?

A Niedere Pflanzen, die keine Blüten bilden.

B Pflanzen, die nur Samen bilden.

C Höhere Pflanzen mit Wurzel, Sprossachse und Laubblättern.

115 Was ist ein Merkmal von Samenpflanzen?

A Sie vermehren sich ungeschlechtlich.

B Sie vermehren sich geschlechtlich.

C Sie haben keine Möglichkeit, sich zu vermehren.

116 Einjährige Pflanzen sind

A Pflanzen, die schon 1 Jahr lang wachsen.

B verholzte Pflanzen.

C krautige Pflanzen, die nur einmal blühen.

117 Zweijährige Pflanzen sind

A verholzte Pflanzen, die zwei Jahre blühen.

B Pflanzen, die sich vom Keimen bis zur Samenreife über zwei Vegetationsperioden entwickeln.

C krautige Pflanzen, die alle 2 Jahre blühen und fruchten.

118 Was zeichnet sommergrüne Pflanzen aus?

A Die Laubblätter dieser Pflanzen bleiben nur eine Vegetationsperiode grün.

B Die Laubblätter dieser Pflanzen bleiben über mehrere Vegetationsperioden lebensfähig.

C Die Laubblätter dieser Pflanzen färben sich nur im Winter grün.

119 Immergrüne Pflanzen sind

A mehrjährige Pflanzen, bei denen die Laubblätter nur eine Vegetationsperiode erhalten bleiben.

B mehrjährige Pflanzen, die grüne Blüten ausbilden.

C mehrjährige Pflanzen, deren Laubblätter über mehrere Vegetationsperioden erhalten bleiben.

120 Was ist eine Staude?

A Eine krautige Pflanze, die jährlich blüht und mehrere Jahre lebensfähig bleibt.

B Eine verholzte Pflanze, die jährlich blüht und mehrere Jahre lebensfähig bleibt.

C Eine krautige Pflanze, die nur einmal blüht.

121 Was ist eine Solitärstaude?
- **A** Eine Staude, welche die Leitstaude ergänzt.
- **B** Eine Staude, die sich mit Hilfe von Rhizomen ausbreitet.
- **C** Eine einzeln stehende, große und eindrucksvolle Pflanze.

122 Was sind Gehölze?
- **A** Einjährige, verholzende Pflanzen
- **B** Mehrjährige, verholzende Pflanzen
- **C** Mehrjährige, krautige Pflanzen

123 Welches Gewächs bezeichnet man als Baum?
- **A** Ein Holzgewächs mit Stamm und Krone.
- **B** Ein krautiges Gewächs mit Stamm und Krone.
- **C** Ein Holzgewächs ohne oberirdischen Stamm.

124 Welche Pflanzen werden als Sträucher bezeichnet?
- **A** Holzgewächse mit Stamm und Krone
- **B** Holzgewächse ohne oberirdischen Stamm und mit Verzweigung vom Grund her
- **C** Krautige Gewächse mit Stamm und Krone

125 Unter Halbsträuchern versteht man
- **A** Sträucher, die durch Teilung entstanden sind
- **B** Sträucher mit oberirdischem und unterirdischem Stamm
- **C** Sträucher mit verholzten und krautigen Teilen

126 Was sind Blütenpflanzen?
- **A** Alle Samenpflanzen
- **B** Niedere Pflanzen mit Blüten
- **C** Pflanzen, die sich durch Sporen vermehren

127 Blattpflanzen sind
- **A** Pflanzen, deren Blätter besonders groß werden.
- **B** Pflanzen, die keine oder nur unscheinbare Blüten bilden.
- **C** Pflanzen, die nur ohne Blätter vermarktet werden.

128 Topfpflanzen sind
- **A** Pflanzen, die nur getopft werden.
- **B** Pflanzen, die eingetopft werden müssen, um zu blühen.
- **C** Pflanzen, die im Topf kultiviert und verkauft werden.

129 Was sind Sommerblumen?
- **A** Blumen, die bei uns nicht winterhart sind
- **B** Blumen, die nur bei uns winterhart sind
- **C** Pflanzen, die im Sommer keine Wachstumsbedingungen vorfinden

130 Ampelpflanzen sind
- **A** Pflanzen, die der Begrünung von Straßenampeln dienen.
- **B** rote, grüne und gelbe Pflanzen.
- **C** in hängenden Blumenschalen kultivierte Pflanzen.

131 Was ist eine Giftpflanze?
- **A** Eine Pflanze, die eine giftig aussehende Farbe hat.
- **B** Eine Pflanze, die Substanzen enthält, die zu Vergiftungen führen können.
- **C** Pflanzen, die von giftigen Tieren bewohnt werden.

132 Unter Schattenpflanzen versteht man.
- **A** Pflanzen, die bereits bei geringem Licht wachsen.
- **B** Pflanzen, die den Schatten meiden.
- **C** Pflanzen, die viel Schatten spenden.

133 Sonnenpflanzen sind
- **A** Pflanzen, die das Sonnenlicht meiden.
- **B** Pflanzen, die viel Sonne zum Wachsen benötigen.
- **C** Pflanzen, die Sonnenlicht abgeben.

134 Was ist eine Kurztagpflanze?
- **A** Eine Pflanze, die nur kurz am Tag blüht.
- **B** Eine Pflanze, die nur an kurzen Tagen verkauft werden kann.
- **C** Eine Pflanze, die zur Ausbildung der Blüten längere Dunkelphasen benötigt.

135 Langtagpflanzen sind
- **A** Pflanzen, die zur Ausbildung von Blüten eine längere Lichtphase benötigen.
- **B** Pflanzen, die nur an längeren Tagen verkauft werden.
- **C** Pflanzen, die sehr lange verkauft werden können.

136 Tagneutrale Pflanzen – was versteht man darunter?
- **A** Pflanzen, die nur an wetterneutralen Tagen verkauft werden.
- **B** Pflanzen, die unabhängig von der Tageslänge blühen.
- **C** Pflanzen, die neutral auf alle Krankheiten und Schädlinge reagieren.

137 Woran erkennt man eine einkeimblättrige Pflanze?
- **A** An den parallelnervigen Blättern und den Adventivwurzeln.
- **B** An den netznervigen Blättern und der Pfahlwurzel.
- **C** Die Pflanze hat nur ein Laubblatt.

138 **Welches sind die am höchsten entwickelten Pflanzen?**
- **A** Samenpflanzen
- **B** Farne
- **C** Moose

139 **Generativ vermehrt wird durch**
- **A** Teilung
- **B** Samen
- **C** Steckhölzer

140 **Was ist eine vegetative Vermehrung?**
- **A** Vermehrung durch Pollen
- **B** Vermehrung durch Stecklinge
- **C** Vermehrung durch Samen

141 **Welche Eigenschaften sollten Mutterpflanzen haben, um erfolgreich Stecklinge zu gewinnen?**
- **A** Möglichst klein und kompakt gewachsen sein.
- **B** Frei von Krankheiten und Schädlingen sein.
- **C** Viele verschiedene Blütenfarben an einer Pflanze besitzen.

142 **Samenkörner dienen**
- **A** der Vermehrung und Verbreitung.
- **B** der Verankerung im Boden.
- **C** der Aufnahme von Sauerstoff.

143 **Was ist Veredlung?**
- **A** Zwei verschiedene Pflanzen werden zu einer neuen Pflanze vereinigt.
- **B** Die Pflanzen werden mit sterilisiertem Wasser verfeinert.
- **C** Eine generative Vermehrungsmethode.

144 **Bei der generativen Vermehrung**
- **A** können Krankheiten und Schädlinge nicht so leicht übertragen werden.
- **B** werden hohe Kosten verursacht.
- **C** besitzt die Tochterpflanze das gleiche Erbgut wie die Mutterpflanze.

145 **Welche Eigenschaft trifft auf die vegetative Vermehrung zu?**
- **A** Sie verursacht niedrige Kosten.
- **B** Die Tochterpflanze besitzt das gleiche Erbgut wie die Mutterpflanze.
- **C** Kaum Übertragung von Krankheiten und Schädlingen.

146 **Bei welchen Pflanzen ist eine vegetative Vermehrung sinnvoll?**
- **A** Bei Pflanzen, die eine kurze Entwicklungszeit haben.
- **B** Bei Pflanzen, bei denen die Anzucht durch Saatgut einfach ist.
- **C** Bei Pflanzen, die keine oder schwer Samen ansetzen.

147 **Was ist kein Beispiel für einen Steckling?**

A Kopfsteckling, Stammsteckling.

B Blütensteckling, Wurzelsteckling.

C Blattsteckling, Teilblattsteckling.

148 **Zur Wasseraufnahme durch die Pflanzc trifft folgende Aussage zu!**

A Pflanzen nehmen Wasser über die Blätter auf.

B Pflanzen nehmen Wasser auf und geben es nicht wieder ab.

C Pflanzen nehmen Wasser aus dem Boden auf und verdunsten es über die Blätter.

149 **Der botanische Name einer Pflanze besteht aus**

A Ordnung und deutschem Namen.

B Familie und Sorte.

C Gattung und Art.

150 **An erster Stelle des botanischen Namens steht**

A die Familienbezeichnung.

B die Artbezeichnung.

C die Sortenbezeichnung.

151 **Warum gibt es botanische Namen?**

A Damit die Pflanzen mehrere Namen haben.

B Zur mündlichen und schriftlichen Verständigung der Wissenschaftler und Gärtner der ganzen Welt untereinander.

C Zur Unterscheidung zwischen Art und Gattung.

152 **Wozu ist im Gartenbau eine leserliche Schrift notwendig?**

A Zur Erstellung eines Pflanzencomics.

B Zum Beschriften von Zeichnungen und Etiketten.

C Für die gegenseitige Verständigung.

153 **Wozu dient ein Maßstab?**

A Der Maßstab gibt an, um welchen Faktor die wirklichen Dinge beim zeichnen verkleinert bzw. vergrößert wurden.

B Der Maßstab gibt an, wie groß das abgebildete Objekt in Wirklichkeit nicht ist.

C Der Maßstab gibt an, wie groß das Papier ist, auf dem gezeichnet wurde.

154 **Welches sind die drei Grundfarben?**

A Schwarz, Braun, Lila

B Weiß, Grün, Orange

C Rot, Gelb, Blau

155 **Warum sind Pflanzen grün?**
- **A** Weil grün eine schöne Farbe ist.
- **B** Weil die Blätter Chlorophyll enthalten.
- **C** Weil die Blätter Cholesterin enthalten.

156 **Wie nennt man Umwandlungen noch?**
- **A** Metamorphosen
- **B** Betamorphosen
- **C** Deltamorphosen

157 **Was bedeutet dieses Symbol?**

- **A** schattig
- **B** sonnig
- **C** halbschattig

158 **Was bedeutet dieses Symbol?**

- **A** halbschattig
- **B** schattig
- **C** sonnig

159 **Was bedeutet nachstehendes Symbol?**

- **A** sonnig
- **B** halbschattig
- **C** schattig

160 **Was bedeutet dieses botanische Zeichen?**

- **A** Ausdauernde Pflanze.
- **B** Für Halbschatten geeignete Pflanze.
- **C** Einjährige Pflanze.

161 **Wozu dient das Wasser in der Pflanze?**
- **A** Es verhindert den Transport von Nährstoffen.
- **B** Es bewirkt die Straffung der Zellen.
- **C** Es hat Einfluss auf die Farbe der Hochblätter.

162 **Welches ist das Geschlechtsorgan der Pflanze?**
- **A** Die Knolle.
- **B** Die Blüte.
- **C** Die Blätter.

163 **Woran kann man das Alter eines Baumes erkennen?**
- **A** An der Anzahl der Äste.
- **B** An der Anzahl der Blätter.
- **C** An den Jahresringen.

164 **Was bezeichnet man als Symbiose?**
- **A** Eine Pflanzenart.
- **B** Eine Schädlingspopulation.
- **C** Eine Lebensgemeinschaft zweier verschiedenen Lebewesen zum Nutzen beider.

165 Viel Licht bei Pflanzen bewirkt
- **A** verkürzte Blattabstände.
- **B** keine Blütenbildung.
- **C** eine verstärkte Wurzelbildung.

166 Wie bezeichnet man die Lebensgemeinschaft von Laub- und Nadelgehölzen mit Bodenpilzen?
- **A** Bodenflora
- **B** Symbiose
- **C** Beziehung

167 Welches sind Überwinterungsorgane von Pflanzen?
- **A** Zwiebel, Erdspross.
- **B** Flachwurzeln, Adventivwurzeln.
- **C** Knollen, Rhizom.

168 Verdunstung bei Pflanzen bezeichnet
- **A** den Austritt von Wasserdampf bei der Pflanze.
- **B** die Nahrungsabgabe der Pflanzen.
- **C** die Sauerstoffproduktion der Pflanzen.

169 Was bezeichnet man als schlafendes Auge?
- **A** Noch geschlossene Blütenknospen.
- **B** Einen einjährigen Trieb.
- **C** Die Veredlungsstelle.

170 Was geschieht, wenn man bei Sämlingen und Jungpflanzen die Wurzelspitzen beseitigt?
- **A** Die Wasser- und Nährstoffaufnahme wird verhindert.
- **B** Die Seitenwurzeln wachsen verstärkt.
- **C** Die Sprossachse wird gestaucht.

171 Wodurch wird der Wasserhaushalt der Pflanzen reguliert?
- **A** Durch die Verdunstung.
- **B** Durch die Photosynthese.
- **C** Durch die Zugabe von Düngemitteln.

172 Was erreicht man durch das Entfernen der Triebspitzen?
- **A** Dass die Pflanze nicht größer wird.
- **B** Dass keine Blüten gebildet werden.
- **C** Dass mehr Seitentriebe gebildet werden.

173 Warum verdunstet eine Pflanze Wasser?
- **A** Um die Farbausbildung voran zu treiben.
- **B** Um es zu verbrauchen.
- **C** Um die Nährstoffe bis in die Pflanzenspitze zu transportieren.

174 **Pflanzen, die selbst kein Chlorophyll besitzen**

- **A** betreiben keine Photosynthese.
- **B** können auch ohne Chlorophyll Photosynthese betreiben.
- **C** betreiben besonders viel Photosynthese, um Chlorophyll zu produzieren.

175 **Warum rollen Pflanzen bei Frost ihre Blätter ein?**

- **A** Als Schutz vor der Schneelast.
- **B** Als Schutz vor Austrocknung.
- **C** Als Schutz vor Insekten.

176 **Warum sollten Schnittblumen und Stecklinge in Kühlhäusern lagern?**

- **A** Damit auch Kühlhäuser dekorativ aussehen.
- **B** Bei Kälte atmen die Pflanzen mehr, um sich zu erwärmen.
- **C** Bei Kälte atmen die Pflanzen weniger.

177 **Wann atmen Pflanzen?**

- **A** Nur am Tag.
- **B** Nur in der Nacht.
- **C** Am Tag und in der Nacht.

178 **Was passiert bei der Atmung?**

- **A** Es wird Traubenzucker verbraucht.
- **B** Es entsteht Traubenzucker.
- **C** Es wird Sauerstoff produziert.

179 **Was bewirkt Wasser in der Pflanze?**

- **A** Es wird für die Atmung benötigt.
- **B** Es dient als Transport- und Lösungsmittel.
- **C** Es spült die Nährstoffe aus der Pflanze.

180 **Um welches botanische Zeichen handelt es sich?**

- **A** zweijährig
- **B** zweihäusig
- **C** doppelte Blüten

181 **Welche Bedeutung hat nachfolgendes botanisches Zeichen?**

- **A** Halbstrauch
- **B** Staude
- **C** Strauch

182 **Um welches botanische Zeichen handelt es sich?**

♄

- **A** Staude
- **B** Baum
- **C** Halbstrauch

183 Bezeichnen Sie das folgende botanische Zeichen richtig.

- **A** Strauch
- **B** Staude
- **C** zwittrig

184 Um welches botanische Zeichen handelt es sich?

- **A** Kriechpflanze
- **B** Hängepflanze
- **C** Blitzableiter

185 Welches botanische Zeichen wird nachfolgend dargestellt?

- **A** Trinkbecher
- **B** Standort der Wassereimer
- **C** Topfpflanze

186 Welches botanische Zeichen wird nachfolgend dargestellt?

- **A** Giftpflanze
- **B** Fruchtschmuck
- **C** Schnittpflanze

187 Um welches botanische Zeichen handelt es sich?

- **A** Nutzpflanze
- **B** geschützte Pflanze
- **C** Winterschutz

188 Was geben die römischen Zahlen von I bis XII an?

- **A** Die Wuchshöhe der Pflanzen in cm.
- **B** Die Zeitdauer der gesamten Entwicklung.
- **C** Die Blütezeit.

189 Was versteht man unter dem Begriff „pikieren“?

- **A** Das Verpflanzen junger Sämlinge auf neue Standweiten.
- **B** Das Aussuchen verkaufsfähiger Pflanzen aus einem Kulturbestand.
- **C** Die Pflanzen werden so sortiert, dass nur noch die Blütenpflanzen übrig sind.

190 Welcher Stoff ist für die Atmung der Pflanzen wichtig?

- **A** Kohlenstoffdioxid
- **B** Stickstoff
- **C** Sauerstoff

191 **Was sind Frostkeimer?**
- **A** Pflanzen, die nur bei Frost keimen.
- **B** Pflanzen, die zur Keimung Temperaturen von +1 °C bis +10 °C benötigen.
- **C** Pflanzen, die ein frostiges Verhältnis zum Gärtner benötigen.

192 **Was gibt die „Rote Liste“ an?**
- **A** Alle Pflanzen, die mit roten Blüten versehen sind.
- **B** Alle Pflanzen, die giftig sind.
- **C** Pflanzenarten, die bereits ausgestorben oder gefährdet sind.

193 **Was fördert der Gärtner durch eine Zusatzbelichtung?**
- **A** Die Atmung.
- **B** Die Transpiration.
- **C** Die Photosynthese.

194 **Woran erkennt man eine Tanne?**
- **A** An den spitzen, stechenden Nadeln.
- **B** An den weichen, abgerundeten Nadeln.
- **C** An den weichen, biegsamen Doppelnadeln.

195 **Gehölze besitzen**
- **A** eine krautige Sprossachse.
- **B** eine verholzte Sprossachse.
- **C** eine verkohlte Sprossachse.

196 **Rosen haben**
- **A** Dornen.
- **B** Stacheln.
- **C** Ausläufer.

197 **Was bewirken Bodendecker an steilen Böschungen?**
- **A** Dass die Böschung regelmäßig geschnitten werden muss.
- **B** Dass die Erde der Böschung nicht weggeschwemmt wird.
- **C** Dass der Boden immer schön grün ist.

198 **Bei welchen Pflanzen findet man einen Halm?**
- **A** Bei Beet- und Balkonpflanzen.
- **B** Bei Gräsern und Getreide.
- **C** Bei Orchideen.

199 **Was bilden alle zweikeimblättrigen Pflanzen?**
- **A** Hochblätter
- **B** Fangblätter
- **C** Keimblätter

200 **Welche Aussage zu Pflanzen mit fleischigen Blättern ist richtig?**
- **A** Sie können trockene Perioden überstehen.
- **B** Sie haben wenig Chlorophyll.
- **C** Sie stammen aus regenreichen Regionen.

201 **Bei welcher Pflanze verlaufen die Blattadern parallel?**
- **A** Schneeglöckchen
- **B** Rose
- **C** Weide

202 **Was ist Franzosenkraut?**
- **A** Eine Beet- und Balkonpflanze.
- **B** Eine Fangpflanze.
- **C** Ein Samenunkraut.

203 **Welche Aussage zu geschützten Pflanzen ist richtig?**
- **A** Sie dürfen weder ausgegraben, abgepflückt noch beschädigt werden.
- **B** Sie müssen ausgegraben werden, um sie an einen sicheren Standort zu pflanzen.
- **C** Sie dürfen gepflückt werden.

204 **Welches sind die am höchst entwickelten Pflanzen?**
- **A** Samenpflanzen
- **B** Farne
- **C** Moose

205 **Das Laubblatt der Kastanie ist**
- **A** gebuchtet.
- **B** gefingert.
- **C** gefiedert.

206 **Welche Pflanze ist einkeimblättrig?**
- **A** Löwenzahn
- **B** Große Brennnessel
- **C** Quecke

207 **Welche Pflanze benötigt einen Kurztag, um zur Blüte zu gelangen?**
- **A** Weihnachtsstern
- **B** Stiefmütterchen
- **C** Primel

208 **Auf welchen Naturforscher geht die binäre Nomenklatur zurück?**
- **A** Aristoteles
- **B** Carl von Linnè
- **C** Alexander von Humboldt

209 **Namen mit der Endung „aceae", z.B. Rosaceae, kennzeichnen im botanischen System**
- **A** eine Familie.
- **B** eine Art.
- **C** eine Sorte.

210 **Welche Schnittblumen haben Zwiebeln?**
- **A** Gladiole, Krokus
- **B** Primel, Anemone
- **C** Hyazinthe, Narzisse

211 **Welche Pflanze hat Kapseln als Früchte?**
- **A** Mohn
- **B** Sonnenblume
- **C** Dicke Bohne

212 **Farne vermehren sich generativ durch**
- **A** Teilung
- **B** Ausläufer
- **C** Sporen

213 Der Wasserhaushalt der Pflanzen wird reguliert durch
- **A** eine verstärkte Wasseraufnahme.
- **B** die Verdunstung.
- **C** die Photosynthese.

214 Warum ist es wichtig, das Tausendkorngewicht von Saatgut zu kennen?
- **A** Um zu wissen, wie viel Saatgut man für eine bestimmte Fläche benötigt.
- **B** Damit die Lagerräume nicht überlastet werden.
- **C** Damit zu leichtes Saatgut bei Wind nicht wegfliegt.

215 Was ist graduiertes Saatgut?
- **A** Nach Größe sortiertes Saatgut.
- **B** Nach Gewicht sortiertes Saatgut.
- **C** Mit Hüllmasse umschlossenes Saatgut.

1.2 Bodenkunde, Erde und Substrate

1 Was ist ein Boden?
- **A** Durch klimabedingte Verwitterung und Organismentätigkeit entstandene oberste Gesteinshülle.
- **B** Durch menschliche Arbeit entstandene oberste Gesteinsschicht.
- **C** Durch Tiere, Bakterien und Pilze entstandene unterste Gesteinsschicht.

2 Woraus besteht Boden?
- **A** Aus Lebewesen, Wasser und Luft.
- **B** Aus Gestein, Wasser und Luft.
- **C** Aus Gestein, Luft, Kunststoff.

3 Wie entsteht Boden?
- **A** Durch Erdbaumaschinen.
- **B** Durch den Bergbau.
- **C** Durch Verwitterung, Abtragung, Ablagerung und Transport von Gesteinen.

4 Was ist ein Bodenprofil?
- **A** Ein Querschnitt durch den Boden.
- **B** Ein Längsschnitt des Bodens.
- **C** Eine Draufsicht auf den Boden.

5 **Woraus setzt sich Boden zusammen?**
- **A** Krümelboden und Bodenskelett.
- **B** Grobboden und Feinboden.
- **C** Flachboden und Geröll.

6 **Die Bodenhorizonte kann man erkennen**
- **A** in der Bodenreaktion.
- **B** an der Bodenschicht.
- **C** im Bodenprofil.

7 **Was bezeichnet man als Oberboden?**
- **A** Die oberste Schicht des Bodens in einem Gewächshaus.
- **B** Die oberste Bodenschicht, die aus Gesteinen und Pilzen besteht.
- **C** Die oberste Bodenschicht, die Humus und Mikroorganismen enthält.

8 **Was ist ein Unterboden?**
- **A** Die direkt unter dem Oberboden liegende Erdschicht.
- **B** Der Fußboden eines Gewächshauses.
- **C** Der Teil des Bodens, der nicht bearbeitet werden kann.

9 **Die feste Bodensubstanz besteht aus**
- **A** organischen und kunststoffhaltigen Bestandteilen.
- **B** mineralischen und organischen Bestandteilen
- **C** mineralischen und eisenhaltigen Bestandteilen.

10 **Wie nennt man die oberste Schicht des Bodens?**
- **A** Unterboden
- **B** Oberboden
- **C** Mutterboden

11 **Was ist Verwitterung?**
- **A** Eine Wetterzone, die Einfluss auf das Bodenleben hat.
- **B** Die Veränderung des Bodens durch physikalische, biologische und chemische Prozesse.
- **C** Eine Art der Bodenbearbeitung.

12 **Physikalische Verwitterung wird hervorgerufen von**
- **A** Temperaturschwankungen, Säuren.
- **B** Sauerstoff, Pflanzenwurzeln.
- **C** Frostsprengung, Reibungskräften.

13 **Was bedeutet Erosion?**
- **A** Den Boden entgegengesetzt zu pflügen.
- **B** Die Verdichtung des Bodens durch Erdbaumaschinen.
- **C** Den Verlust von Boden durch Wasser oder Wind.

14 Was schützt vor Erosion?
- **A** Hecken, Mulchschicht.
- **B** Pflügen und fräsen längs zum Hang.
- **C** Die Pflanzen entfernen.

15 Wie kann der Boden vor Austrocknung und Windabtrag geschützt werden?
- **A** Alle Felder und Beete mit Folie abdecken.
- **B** Alle Flächen bepflanzen.
- **C** Regelmäßig bewässern.

16 Welcher Boden kann am meisten Wasser speichern?
- **A** Sandboden
- **B** sandiger Lehmboden
- **C** Moorboden

17 Welcher Boden enthält viel Wasser und wenig Luft?
- **A** Lehmboden
- **B** Sandboden
- **C** Tonboden

18 Aus welchen Stoffen entsteht Torf?
- **A** Aus Mutterboden.
- **B** Aus Moos.
- **C** Aus Lava.

19 Welcher Boden erwärmt sich im Frühjahr am schnellsten?
- **A** Sandboden
- **B** Lehmboden
- **C** Tonboden

20 Was ist ein Tonboden?
- **A** Ein Boden, der sehr wenig Luft enthält.
- **B** Ein Boden, der bei der Bearbeitung Töne von sich gibt.
- **C** Ein Boden, der wenig Wasser und Nährstoffe enthält.

21 Welche Aussage trifft auf Sandboden zu?
- **A** Er hat ein hohes Wasserhaltevermögen.
- **B** Er hat eine gute Durchlüftung.
- **C** Er hat ein hohes Nährstoffhaltevermögen.

22 Welchen Boden muss man im Sommer häufiger bewässern?
- **A** Sandboden
- **B** Tonboden
- **C** Schluffboden

23 Wie kann man die Bodenart feststellen?
- **A** Durch Pilze und Bakterien.
- **B** Durch umgraben.
- **C** Durch die Fingerprobe.

24 Wozu dient die Fingerprobe?
- **A** Für die grobe Unterscheidung der Mikroorganismen.
- **B** Für die grobe Unterscheidung der Bodenarten.
- **C** Für die genaue Bestimmung der Bodenart.

25 **Was ist ein leichter Boden?**
- **A** Boden mit wenig Gewicht.
- **B** Boden mit hohem Sandanteil.
- **C** Boden mit hohem Lehmanteil.

26 **Wie kann man einen schweren Boden lockern?**
- **A** Durch die Einarbeitung von Ton.
- **B** Durch häufiges harken.
- **C** Durch die Einarbeitung von Humus, Sand oder Torf.

27 **Was zeigt die dunkle Farbe eines Bodens an?**
- **A** Dass wenig Bodenleben vorhanden ist.
- **B** Dass man in der Nähe eines Kohlebergbaues ist.
- **C** Dass der Boden einen hohen Humusanteil besitzt.

28 **Keine Eigenschaft von Sandboden ist**
- **A** er ist leicht zu durchwurzeln.
- **B** Nährstoffe werden schnell ausgewaschen.
- **C** er hat eine geringe Durchlüftung.

29 **Keine Eigenschaft von Tonboden ist**
- **A** er besitzt kaum Nährstoffe.
- **B** es besteht Staunässegefahr.
- **C** es ist ein schwerer Boden.

30 **Was ist kein Vorteil von Torf?**
- **A** Er ist schwer.
- **B** Er ist nährstoffarm.
- **C** Er ist frei von Krankheiten, Schädlingen, Wildkrautsamen.

31 **Der pH-Wert 2 zeigt an**
- **A** dass der Boden neutral ist.
- **B** dass der Boden alkalisch ist.
- **C** dass der Boden stark sauer ist.

32 **Wie kann der pH-Wert eines Bodens erhöht werden?**
- **A** Durch Kalkung.
- **B** Durch Bodenlockerung.
- **C** Durch die Einarbeitung von Lehm.

33 **Womit kann man den pH-Wert eines Bodens messen?**
- **A** Luxmeter, Lackmuspapier.
- **B** Pehameter, Indikatorpapier.
- **C** Thermometer, Indikatorpapier.

34 **Ein Boden mit dem pH-Wert 3,5 ist**
- **A** stark sauer.
- **B** mäßig sauer.
- **C** alkalisch.

35 **Ein Boden mit dem pH-Wert 7 ist**
- **A** sauer.
- **B** neutral.
- **C** alkalisch.

36 **Der pH-Wert 10 zeigt an**
- **A** dass der Boden alkalisch ist.
- **B** dass der Boden neutral ist.
- **C** dass der Boden sauer ist.

37 **Was bezeichnet man als Humus?**
- **A** Den Oberboden.
- **B** Den organischen Teil des Bodens.
- **C** Den anorganischen Teil des Bodens.

38 **Woraus entsteht Humus?**
- **A** Aus Pflanzen- und Tierresten.
- **B** Aus Mineralien.
- **C** Aus Sand.

39 **Welches ist keine Eigenschaft von Humus?**
- **A** Er ist schwerer als Boden.
- **B** Er kann Wasser speichern.
- **C** Er kann viele Nährstoffe speichern.

40 **Welche Organismen zersetzen Pflanzenteile zu Kompost?**
- **A** Hund, Katze, Maus.
- **B** Blattläuse, Nematoden, Kartoffelkäfer.
- **C** Regenwürmer, Asseln, Bakterien, Pilze.

41 **Wodurch erfolgt die Zersetzung von Komposterde?**
- **A** Durch Zugabe von Pflanzenschutzmitteln.
- **B** Durch Pilze, Bakterien und Bodenlebewesen.
- **C** Durch Zugabe von Küchenabfällen.

42 **Was gehört nicht auf den Kompost?**
- **A** Substratreste, Kalk.
- **B** Plastiktöpfe, Bindedraht.
- **C** Pflanzenreste, Mist.

43 **Wann verrottet eine Kompostmiete am schnellsten?**
- **A** Je länger die Miete in der Sonne steht.
- **B** Je gröber das Material zerkleinert ist.
- **C** Je wohler sich die Bodenlebewesen fühlen.

44 **Wann ist der Kompost fertig?**
- **A** Wenn er übel riecht.
- **B** Wenn sich dunkle, krümelige Erde gebildet hat.
- **C** Wenn keine Bodenlebewesen mehr enthalten sind.

45 **Warum sollte man eine Kompostmiete umsetzen?**
- **A** Um den Platz anderweitig nutzen zu können.
- **B** Damit die Bodenlebewesen nach innen gelangen können.
- **C** Damit unverrottete Teile von außen nach innen kommen können.

46 **Welche Abfälle dürfenf nicht auf den Kompost?**
- **A** Obstreste, Eierschalen.
- **B** Glas, Fleischreste.
- **C** Laub, Grasschnitt.

47 **Was versteht man unter dem Begriff „mulchen“?**
- **A** Den Boden umgraben.
- **B** Chemischen Pflanzenschutz.
- **C** Den Boden mit kleingehäckselten Pflanzenteilen abdecken.

48 **Mulchmaterialien sind**
- **A** Laub, Hackschnitzel, Rindenmulch
- **B** Küchenabfälle, Heu, Gras
- **C** Stroh, Grasmahd, Eierschalen

49 **Warum sollten Anbauflächen gemulcht werden?**
- **A** Damit die Beete schön aussehen.
- **B** Zur Unkrautbekämpfung.
- **C** Um das Mulchmaterial zu verbrauchen.

50 **Wozu dient das Mulchen?**
- **A** Es fördert die Wasserabgabe des Bodens.
- **B** Es lässt keine Bodenlebewesen zu.
- **C** Es fördert die Bodengare.

51 **Was ist Rindenmulch?**
- **A** Zerkleinerte Haare von Rindern.
- **B** Zerkleinerte unbehandelte Baumrinde.
- **C** Zerkleinerte Schalen von Obst und Gemüse.

52 **Boden wird mit dem Spaten bearbeitet**
- **A** um alle Lebewesen im Boden zu vernichten.
- **B** damit das Wasser schneller abzieht.
- **C** um den Boden zu wenden und zu lockern.

53 **Die oberste Schicht des Bodens wird beim Harken**
- **A** verdichtet.
- **B** zerkrümelt, gelockert, eingeebnet.
- **C** gewendet.

54 Wozu dient die Bodenbearbeitung?

A Um einen Boden pflanzfertig vorzubereiten und zu pflegen.
B Um eine Baustelle auszukoffern.
C Um die Bodenlebewesen auf eine Anpflanzung vorzubereiten.

55 Wann sollte eine Bodenbearbeitung durchgeführt werden?

A Wenn die Bodenfeuchte passend ist.
B Bei jedem Wetter.
C Ausschließlich bei Frost, um die Frostgare herzustellen.

56 Was will man mit der Bodenbearbeitung erreichen?

A Die Bodenlebewesen an der Verbreitung hindern.
B Ein Saatbett schaffen.
C Gepflanzte Beet- und Balkonpflanzen einarbeiten.

57 Warum sollte am besten bei Sonnenschein gehackt werden?

A Es herrschen günstige Arbeitsbedingungen.
B Damit viel Wasser verdunsten kann.
C Damit das Unkraut schnell vertrocknet.

58 Wodurch entsteht eine Oberbodenverdichtung?

A Durch den Einsatz schwerer Maschinen und Geräte.
B Durch Winderosion.
C Durch den Einsatz von Bodenlebewesen.

59 Wann kann im Boden Sauerstoffmangel auftreten?

A Bei sehr großer Hitze.
B Bei Staunässe.
C Bei zu vielen Pflanzenschutzmitteln im Boden.

60 Wie kann man Bodenmüdigkeit vermeiden?

A Den Boden regelmäßig düngen.
B Den Fruchtwechsel einhalten.
C Den Boden häufig umgraben.

61 Welches Material wird im Boden am schnellsten abgebaut?

A Blähton.
B Gründüngungspflanzen.
C Styropor.

62 Wodurch ist ein fruchtbarer Boden gekennzeichnet?

A Er enthält relativ wenig Nährstoffe.
B Er hat wenig Platz für die Pflanzenwurzeln.
C Durch eine gute Wasser- und Luftführung.

63 Wozu benötigen Pflanzen die Luft im Boden?

- **A** Für die richtige Atmung der Pflanzenwurzeln.
- **B** Damit der Boden schön leicht ist.
- **C** Für die richtige Atmung der Laubblätter.

64 Woran erkennt man Bodenmüdigkeit?

- **A** Der Boden ist schläfrig.
- **B** Die Mikroorganismen zeigen keine Tätigkeiten.
- **C** Die Erträge von Nutzpflanzen gehen spürbar zurück.

65 Was ist ein Fruchtwechsel?

- **A** Ein aufeinanderfolgender Anbau verschiedener Pflanzenarten.
- **B** Die Pflanzenarten passen sich den wechselnden Bodengegebenheiten an.
- **C** Ein aufeinanderfolgender Anbau gleicher Pflanzenarten.

66 Was zeigt eine Zeigerpflanze an?

- **A** Den Sonnenstand
- **B** Die Windrichtung
- **C** Die Bodenverhältnisse

67 Warum ist das Krümelgefüge das beste Bodengefüge?

- **A** Es hat viele Poren für Luft und Wasser.
- **B** Die Bodenteilchen sind nicht miteinander verklebt, so dass der Boden zerreißen kann.
- **C** Schädlinge werden an der Ausbreitung gehindert.

68 Wodurch werden Krümel zerstört?

- **A** Durch leichtes Gießen.
- **B** Durch Bodenbearbeitung auf zu nassem Boden.
- **C** Durch Bepflanzung.

69 Was kann man für den Erhalt der Bodengare tun?

- **A** Kalken vermeiden, Bodenleben fördern.
- **B** Organischen Dünger zuführen, nassen Boden nicht bearbeiten.
- **C** Nicht zu heftig bewässern, für Frostgare sorgen.

70 Was versteht man unter dem Begriff „Frostgare“?

- **A** Wasser gefriert in den Bodenschollen, dehnt sich aus und sprengt sie in kleine Schollen.
- **B** Der Zustand einer Pflanze nach Frosteinwirkung.
- **C** Der Garzustand des Bodens bei Frost.

71 Wenn immer die gleiche Pflanzenart auf einer Fläche angebaut wird, entsteht
- **A** Humus.
- **B** Bodenmüdigkeit.
- **C** Fäulnis.

72 Wie nennt man das Wasser, das in dünnen Röhren an die Bodenoberfläche aufsteigt?
- **A** Kapillarwasser
- **B** Sickerwasser
- **C** Grundwasser

73 Wann sind die Eisheiligen?
- **A** Ca. vom 11. – 15. Mai.
- **B** Ca. vom 01. – 05. Februar.
- **C** Ca. vom 22. – 25. Dezember.

74 Warum ist es für einen Gärtner wichtig, über die Eisheiligen Bescheid zu wissen?
- **A** Damit er sich in der Geschichte gut auskennt.
- **B** Weil nicht frostharte Pflanzen zu diesem Zeitpunkt erfrieren können.
- **C** Weil viele Pflanzen zu diesem Zeitpunkt beginnen zu blühen.

75 Wann ist noch mit Spätfrösten in Bodennähe zu rechnen?
- **A** Im August.
- **B** Im September.
- **C** Im Mai.

76 Womit wird die Temperatur gemessen?
- **A** Luxometer
- **B** Thermometer
- **C** Temprameter

77 Was zeigt das Minimum – Maximum – Thermometer an?
- **A** Die niedrigste Temperatur, die an einem Tag erreicht werden sollte.
- **B** Die niedrigsten und höchsten Temperaturen der vergangenen Wochen.
- **C** Die jeweils niedrigste und höchste Temperatur des Tages.

78 Wie kann das Bodenleben gefördert werden?
- **A** Durch organische Düngung.
- **B** Durch regelmäßiges Gießen.
- **C** Durch Zusatzbelichtung.

79 Was sind Kleinlebewesen?
- **A** Mäuse
- **B** Bakterien
- **C** Würmer

80 Was machen Regenwürmer mit dem Boden?
- **A** Sie tragen zur Krümelbildung bei.
- **B** Sie zerstören den Boden mit ihren Gängen.
- **C** Sie vernichten die anderen Bodenlebewesen.

81 **Wann fühlen sich die Bodenlebewesen nicht wohl?**
- **A** Wenn die Feuchtigkeit nicht hoch ist.
- **B** Wenn sie genügend Sauerstoff zum atmen haben.
- **C** Wenn sie keine direkte Sonne abbekommen.

82 **Was kann gärtnerischen Erden als organischer Ersatzstoff beigemischt werden?**
- **A** Kokosfasern, Reisspelzen, Laubkompost
- **B** Schaumpolystyrol, Kunststoffgranulate
- **C** Misterde, Gartenerde

83 **Warum wird gärtnerischen Erden Torf zugegeben?**
- **A** Damit es mehr Volumen ergibt.
- **B** Weil mehr Spurennährelemente dazukommen.
- **C** Weil die Durchlüftung und Wasserhaltefähigkeit verbessert wird.

84 **Anzuchterde enthält**
- **A** viel Wasser.
- **B** wenig Nährstoffe.
- **C** viel Phosphor.

85 **Was ist TKS?**
- **A** Rindenmulch.
- **B** Ein Oberboden.
- **C** Ein Torfkultursubstrat.

86 **Wozu dient Ton als Zusatz in einem Substrat?**
- **A** Er erhöht den Lufthaushalt.
- **B** Er erhöht die Wasser- und Nährstoffspeicherkapazität.
- **C** Er verringert das Gewicht.

87 **Welche Anforderung wird an ein gärtnerisches Substrat gestellt?**
- **A** Es muss immer viele Nährstoffe enthalten.
- **B** Es muss immer sehr leicht sein.
- **C** Es muss immer frei von Wildsamen und Krankheitserregern sein.

88 **Welche Anforderung wird an eine gärtnerische Erde gestellt?**
- **A** Sie muss eine geringe Wasserhaltekapazität besitzen.
- **B** Sie muss weniger strukturstabil sein.
- **C** Sie sollte stets eine gleichartige Beschaffenheit besitzen.

89 **Warum füllt ein Gärtner keinen normalen Boden in einen Pflanztopf?**
- **A** Es sind zu viele Bodenlebewesen darin enthalten.
- **B** Normaler Boden passt nicht in die Töpfe.
- **C** Normaler Boden kann die Ansprüche einer guten Topferde meist nicht erfüllen.

90 **Eine gute Topferde muss**
- **A** sehr schwer sein.
- **B** frei von Krankheiten und Schädlingen sein.
- **C** viele Bodenlebewesen enthalten.

91 **Was ist keine Einheitserde?**
- **A** Vermehrungserde
- **B** Halberde
- **C** Topferde

92 **Es gibt keine**
- **A** organischen Zuschlagstoffe (Kokosfasern, Reisspelzen).
- **B** synthetischen Zuschlagstoffe (Styromull, Hygromull).
- **C** plastischen Zuschlagstoffe (PVC, Kunstharz).

93 **Anorganische Zuschlagstoffe sind**
- **A** Perlite, Tone, Sande
- **B** Kokosfasern, Reisspelzen
- **C** Hygromull, Styromull, Hygropor

94 **Was verbirgt sich hinter der Bezeichnung „Einheitserde Typ T"?**
- **A** Eine Pikiererde.
- **B** Eine Topferde.
- **C** Eine Erde ohne zusätzliche Nährstoffe.

95 **Was ist eine Hydrokultur?**
- **A** Eine Pflanze wächst in einem See oder Teich.
- **B** Die Pflanze benötigt mehr Wasser zum wachsen als andere Pflanzen.
- **C** Eine erdlose Kultur einer Pflanze.

96 **Was ist kein Vorteil einer Hydrokultur?**
- **A** Bodenabhängige Krankheiten und Schädlinge entfallen.
- **B** Sie ist besonders arbeitsaufwendig.
- **C** Sie ist geeignet für Büros usw., wo nicht regelmäßig gegossen werden kann.

97 **Was ist ein Füllsubstrat für die Hydrokultur?**
- **A** Blähton
- **B** Ton
- **C** TKS

98 **Welchen pH-Wert hat eine übliche Topferde?**
- **A** pH 7
- **B** pH 7,5 – 8,5
- **C** pH 5,5 – 6,5

99 **Was passiert bei einem Tiefdruckgebiet?**
- **A** Der Himmel ist wolkenlos und klar.
- **B** Es herrscht starker Frost und Sturm.
- **C** Es herrscht bedeckter Himmel oder Regen.

100 Bodentypen sind
- A Praxiserden
- B Schwarzerde, Braunerde, Podsol
- C Kultursubstrate

101 Unter einem kalten Boden versteht man
- A einen leichten trockenen Boden, z.B. Sandboden.
- B einen lockeren Boden, in dem die Luft richtig zirkuliert.
- C einen verdichteten, nassen Boden.

102 Welche Eigenschaft fehlt Sandboden?
- A Schnelle Erwärmung
- B Leichte Bearbeitbarkeit
- C Hohes Wasserspeichervermögen

103 Zu den Mikroorganismen gehören
- A Bakterien
- B Maulwürfe
- C Schnecken

104 Die Fruchtbarkeit von Böden ist gefährdet, wenn
- A die richtige Fruchtfolge eingehalten wird.
- B lange Zeit Wind und Regen ohne Schutz des Bodens einwirken können.
- C man den Boden sachgemäß bearbeitet.

105 Was ist Bodenerosion?
- A Mulchen.
- B Eine Bodendüngung.
- C Die Abtragung des Bodens durch Wind und Wasser.

106 Bodenverdichtung wird gefördert durch
- A den Einsatz des Spatens.
- B den Einsatz schwerer Schlepper auf nassem Boden.
- C die Bodenbearbeitung auf trockenem Boden.

107 Einen schweren Boden lockert man durch
- A den Zusatz lockernder Stoffe wie Humus, Sand, Kalk.
- B den Zusatz von Lehm.
- C einen schweren Boden kann man nicht lockern.

108 Sand als Bestandteil gärtnerischer Erden bewirkt, dass
- A Nährstoffe gebunden werden.
- B die Luftdurchlässigkeit verbessert wird.
- C Fäulnis entsteht.

109 Staunässe im Boden wird vermieden, wenn man
- A den Boden nicht bearbeitet.
- B nur solche Pflanzen anbaut, die viel Wasser verbrauchen.
- C Gräben und Drainage einrichtet.

110 **Durch Dämpfung des Bodens vernichtet man**

A nur die freilebenden Nematoden.

B alle Schadorganismen, Samen- und Wurzelunkräuter.

C nur die Samenunkräuter.

111 **In welcher Einheit werden Niederschläge gemessen?**

A Millimeter (Liter/m^2).

B Liter auf 1 km.

C Kubikmeter auf 1 Quadratkilometer.

112 **Was bewirkt eine Schneedecke auf einem Staudenbeet?**

A Dass die Pflanzen von der Schneelast erdrückt werden.

B Dass die Pflanzen wegen der hohen Feuchtigkeit des Schnees verfaulen.

C Dass die Stauden vor Frost geschützt sind.

1.3 Pflanzenernährung, Düngung

1 **Wovon hängt der Nährstoffbedarf einer Pflanze ab?**

A Von der Pflanzenart und Kulturdauer.

B Von den Wachstumsbedingungen und den Arbeitskräften.

C Vom Transport und Substrat.

2 **Was ist ein Pflanzennährstoff?**

A Ein Stoff, der für das Wachstum der Pflanzen unentbehrlich ist.

B Ein Nährstoff, der aus Pflanzen besteht.

C Ein Stoff, welcher der Ernährung der Mikroorganismen dient.

3 **In welcher Form nimmt die Pflanze fast ausschließlich die Nährstoffe aus dem Boden auf?**

A Als Protonen.

B Als Ionen.

C Als Moleküle.

4 **Was passiert in einem geschlossenen Nährstoffkreislauf?**

A Es gehen kaum Nährstoffe verloren.

B Nährstoffe gehen durch die Ernte von Pflanzen verloren.

C Die Pflanzen zeichnen sich durch Kümmerwuchs aus.

5 Was geschieht in einem offenen Nährstoffkreislauf?

A Es gehen kaum Nährstoffe verloren.

B Die Nährstoffe gehen z.B. durch das Entfernen von Laub verloren.

C Die Pflanzen benötigen keine zusätzliche Düngung.

6 Wie kann die Pflanze Nährstoffe aufnehmen?

A In gelöster Form

B In fester Form

C In geeister Form

7 Was sagt das „Gesetz vom Minimum" aus?

A Das Wachstum der Pflanze richtet sich nach dem Nährstoff, der in der geringsten Menge zur Verfügung steht.

B Nur wenn ein Minimum an Nährstoffen erreicht ist, kann die Pflanze gut wachsen.

C Die Hauptnährstoffe sollten in minimaler Menge zur Verfügung stehen.

8 Wofür sorgt ein fehlender Wachstumsfaktor?

A Dass die anderen Wachstumsfaktoren in ihrer Wirkung verstärkt werden.

B Sorgt für ein besonders starkes Wachstum.

C Sorgt für ein begrenztes Wachstum.

9 In welcher Zeile stehen nur Hauptnährstoffe?

A Magnesium, Kalium, Wasserstoff

B Phosphor, Kupfer, Calcium

C Molybdän, Kohlenstoff, Stickstoff

10 In welcher Zeile stehen nur Spurennährelemente?

A Kupfer, Magnesium, Sauerstoff

B Mangan, Eisen, Zink

C Molybdän, Kohlenstoff, Stickstoff

11 Welche Nährstoffe bezeichnet man als Kernnährelemente?

A Kohlenstoff, Wasserstoff, Sauerstoff

B Kalzium, Magnesium, Schwefel

C Stickstoff, Phosphor, Kalium

12 Hauptnährstoffe benötigt die Pflanze

A in großen Mengen.

B in sehr kleinen Mengen.

C als einzige Nährstoffe.

13 Welche Aufgabe hat Stickstoff in der Pflanze?

A Bildung von Eiweiß und Blattgrün.

B Blüten- und Fruchtbildung.

C Verbesserung des Wasserhaushaltes.

14 Woran erkennt man einen Stickstoffüberschuss?

A Hellgrüne Färbung, schnelle Blütenbildung
B Dunkelgrüne Färbung der Blätter, mangelnde Standfestigkeit
C Niedrige Anfälligkeit für den Befall von Krankheiten und Schädlingen

15 Wie äußert sich Stickstoffmangel?

A Dunkelgrüne Färbung der Blätter
B Schnelle Blütenbildung
C Vergilbung der Blätter, Notblüte

16 Stickstoff geht nicht verloren wenn,

A Pflanzenteile wieder auf den Boden fallen und dort verrotten.
B die Pflanzen verkauft werden.
C der Stickstoff ausgewaschen wird.

17 Welche Aufgabe hat Phosphor in der Pflanze?

A Er fördert die Blüten- und Fruchtbildung.
B Er fördert die Bildung von Eiweiß und Blattgrün.
C Er verbessert den Wasserhaushalt.

18 Wie äußert sich Phosphormangel?

A Durch die Ausbildung dicker Sprossachsen.
B Durch eine Verzögerung der Blühreife.
C Durch die Ausbildung hellgrüner Blätter.

19 Wozu dient Kalium in der Pflanze?

A Es fördert die Photosynthesehemmung.
B Es erhöht den Stickstoffgehalt.
C Es verbessert den Wasserhaushalt.

20 Zu viel Kalium im Boden

A fördert die Frostgare.
B bildet eine Lebensgemeinschaft mit den Knöllchenbakterien.
C zerstört die Bodenkrümel.

21 Magnesium ist wichtig für

A das Blattgrün.
B die Notblüte.
C die Wurzelbildung.

22 Woher bezieht die Pflanze Kohlenstoff und Sauerstoff?

A Aus der mineralischen Düngung
B Aus dem Boden
C Aus der Luft

23 Was geschieht mit Nährstoffen, welche die Pflanze nicht aufnehmen kann?

- **A** Sie werden mit der Bodenbearbeitung vernichtet.
- **B** Sie können in das Grundwasser ausgewaschen werden.
- **C** Sie verdunsten durch die Sonneneinstrahlung.

24 Warum sollte man bei Sandböden häufig und in kleinen Mengen düngen?

- **A** Sandböden können die Nährstoffe nicht gut speichern.
- **B** Sandböden verbrauchen viele Nährstoffe.
- **C** Sandböden neigen zu Verkalkung.

25 Was ist Düngung?

- **A** Die gesteuerte Zufuhr von Pflanzenschutzmitteln.
- **B** Die gesteuerte Zufuhr von Nährstoffen.
- **C** Das Ausdünnen von Pflanzenbeständen.

26 Welches Ziel hat die Düngung?

- **A** Die bedarfsgerechte Versorgung der Pflanzen mit Nährstoffen.
- **B** Die ausreichende Versorgung mit Pflanzenschutzmitteln.
- **C** Eine tiefgründige Bodenbearbeitung zu erreichen.

27 Was ist ein Dünger?

- **A** Ein Stoff, der verhindert, dass Pflanzen von Schädlingen befallen werden.
- **B** Ein Bodenbearbeitungsgerät.
- **C** Ein Stoff, der der Verbesserung der Ernährung der Pflanzen dient.

28 Welche Arten von Düngern gibt es?

- **A** Wirtschaftsdünger, Vielnährstoffdünger
- **B** Einnährstoffdünger, Mehrnährstoffdünger
- **C** Gutsdünger, Handelsdünger

29 Worauf sollte man bei der Düngung mit Spurennährelementen achten?

- **A** Spurennährelemente werden nur in großen Mengen benötigt.
- **B** Spurennährelemente werden nur in geringen Mengen benötigt.
- **C** Spurennährelemente werden immer schnell abgebaut.

30 Unter Einnährstoffdüngern versteht man:

- **A** Ein Düngemittel mit nur einem Nährelement.
- **B** Ein Düngemittel mit nur einem Pflanzenschutzmittel.
- **C** Eine Bodenbearbeitungsart, die nur für einen Nährstoff gut ist.

31 **Mehrnährstoffdünger**

A enthalten grundsätzlich mehr von einem Nährstoff.
B enthalten mehr als einen Nährstoff.
C benötigt man in größeren Mengen.

32 **Was ist der Vorteil von Mehrnährstoffdüngern?**

A Es ist eine gezielte Düngung möglich.
B Es entstehen keine Mischfehler.
C Sie sind oft preiswerter als Einnährstoffdünger.

33 **Was spricht für die Verwendung von Einnährstoffdüngern?**

A Die Arbeitszeitersparnis bei der Ausbringung.
B Die geringeren Transportkosten.
C Dass eine gezielte Düngung möglich ist.

34 **Mineralische Dünger sind**

A nicht einfach aufzulösen.
B natürlich entstanden.
C gezielt einsetzbar.

35 **Welche Formen von Mineraldüngern gibt es?**

A Schnelldünger, Vorratsdünger, Würfeldünger
B Salze, Granulate, Flüssigdünger
C Depotdünger, Langzeitdünger, Punktdünger

36 **Was enthalten Volldünger?**

A Alle Hauptnährstoffe
B Hauptnährstoffe und Spurennährstoffe
C Stickstoff, Phosphor, Kalium

37 **Was ist ein Vorratsdünger?**

A Die Nährstoffe in diesem Dünger sind langsam für die Pflanzen verfügbar.
B Es wird so viel davon gedüngt, dass es lange reicht.
C Das Düngemittel wird auf Vorrat gekauft, so dass immer ein Reserve vorhanden ist.

38 **Beim Mischen von Einnährstoffdüngern**

A können giftige Gase entstehen.
B entsteht wieder ein Einnährstoffdünger.
C gehen keine Nährstoffe verloren.

39 Was bedeuten die Zahlen auf der Verpackung von Mehrnährstoffdünger? (z. B. 17:12:21)

- **A** Die Zahlen stehen für den Gehalt an Nährstoffen (N:P:K).
- **B** Die Zahlen stehen für die Verwendungsmenge in Gramm.
- **C** Die Zahlen geben an, an welchen Tagen im Monat gedüngt werden kann.

40 Wie sollte man Mineraldünger aufbewahren?

- **A** Direkt am Arbeitsplatz zur sofortigen Verwendung.
- **B** In trockenen und geschlossenen Räumen.
- **C** In der Umkleidekabine.

41 Was ist die Blattdüngung?

- **A** Die Beregnung der Pflanzen mit einer Nährlösung.
- **B** Die Düngung ausschließlich von Blattpflanzen.
- **C** Eine Düngungsart, die in Blattform ausgebracht wird.

42 Welchen Vorteil hat die Blattdüngung?

- **A** Blattdünger ist nicht giftig.
- **B** Blattdünger wirkt schnell.
- **C** Blattdünger ist billiger.

43 Was ist ein organischer Dünger?

- **A** Ein Düngemittel tierischer und pflanzlicher Herkunft.
- **B** Ein Düngemittel mineralischer Herkunft.
- **C** Ein Düngemittel mit Zusatz von Pflanzenschutzmitteln.

44 Welchen Nachteil haben organische Dünger?

- **A** Sie wirken viel zu schnell.
- **B** Sie wirken gar nicht.
- **C** Sie müssen von Mikroorganismen erst pflanzenverfügbar gemacht werden.

45 Welchen Vorteil haben organische Dünger?

- **A** Sie wirken langsam und lang anhaltend.
- **B** Sie wirken schnell und kurzfristig.
- **C** Organische Dünger wirken gar nicht.

46 Organische Dünger werden

- **A** von Bodenlebewesen langsam abgebaut.
- **B** in Fabriken hergestellt.
- **C** von den Pflanzen nicht vertragen.

47 **Welche Aussage zur organischen Düngung ist richtig?**

A Mit organischen Düngemitteln kann man nicht gezielt düngen.
B Organische Dünger werden industriell hergestellt.
C Bei organischen Düngern stellt sich die Wirkung sofort ein.

48 **Was sind Beispiele für organische Dünger?**

A Blaukorn, Knochenmehl, Mulch
B Mist, Jauche, Gülle
C Gründüngung, Guano, Phosphordünger

49 **Was ist Jauche?**

A Vogelkot
B Einstreu und Kot
C hauptsächlich der Harn von Tieren

50 **Was ist Guano?**

A Der Abfall vom Schlachthof
B Ein Vogelkot
C Geschredderte Äste

51 **Warum sollte man im Gartenbau keinen Klärschlamm verwenden?**

A Es entstehen zu hohe Schwermetallgehalte im Boden.
B Es erhöht die Unfallgefahr bei der Bodenbearbeitung.
C Er hat keinerlei Wirkung.

52 **Was versteht man unter Kompost?**

A Eine gärtnerische Erde bestehend aus Styropor und Torf.
B Ein Verrottungsprodukt aus pflanzlichen und tierischen Abfällen.
C Ein Torfkultursubstrat.

53 **Was darf kompostiert werden?**

A Es kann grundsätzlich alles kompostiert werden.
B Alle organischen Abfälle aus Küche und Garten ohne Schadstoffe.
C Alle anorganischen Abfälle, die sich langsam zersetzen.

54 **Was sollte man beim Aufsetzen eines Komposthaufens beachten?**

A Die Anlage an einem sonnigen Standort.
B Dass er mehr als 1,50 m hoch wird.
C Dass sperriges Material zerkleinert wird.

55 **Was versteht man unter Gründüngung?**

A Die Düngung von Grünanlagen.
B Das Einarbeiten von Gründüngungspflanzen in den Boden zur Bodenverbesserung.
C Die Düngung mit Hakaphos grün.

56 **Welche Pflanzen sind für eine Gründüngung geeignet?**
- **A** Leguminosen, Senf
- **B** Phazelia, Pelargonie
- **C** Efeu, Ringelblume

57 **Was sind Leguminosen?**
- **A** Pflanzen, die mit ihren Knöllchenbakterien Luftstickstoff sammeln.
- **B** Pflanzen, die durch ihr kriechendes Wachstum den Boden bedecken.
- **C** Eine Art mineralischer Dünger.

58 **Was bedeutet Mulchen?**
- **A** Die Bodenbearbeitung durchzuführen.
- **B** Den Boden mit Mull abzudecken.
- **C** Eine Bodenbedeckung mit organischen Materialien.

59 **Welche Mulchmaterialien können verwendet werden?**
- **A** Rindenmulch, Laub
- **B** Styroporkügelchen, Rasenschnitt
- **C** Stroh, Blähton

60 **Schwarze Folie zum Mulchen**
- **A** verhindert die Schattengare.
- **B** hat keine Düngewirkung.
- **C** begünstigt das Wachstum von Wildkräutern.

61 **Wirtschaftsdünger**
- **A** werden von der Wirtschaft in der Zusammensetzung vorgegeben.
- **B** werden nur in einzelnen Wirtschaftsbereichen eingesetzt.
- **C** stammen aus Landwirtschaft oder Gartenbau (Mist, Kompost usw.).

62 **Wozu dient Humus?**
- **A** Er hemmt das Bodenleben.
- **B** Er kann gut Wasser und Nährstoffe speichern.
- **C** Humus produziert labile Bodenkrümel.

63 **Mit welcher Düngung kann man einen Nährstoffmangel schnell beseitigen?**
- **A** Kalkung
- **B** Grunddüngung
- **C** Blattdüngung

64 **Wann erfolgt eine Grunddüngung?**
- **A** Während der Kulturzeit
- **B** Wenn ein Grund für eine Düngung vorliegt
- **C** Vor Beginn der Kultur

65 **Welche Methoden der Nachdüngung gibt es?**
- **A** Kopfdüngung, Blattdüngung
- **B** Streudüngung, Gießdüngung
- **C** Flüssigdüngung, Paketdüngung

66 **Was geschieht bei zu viel Kalk im Boden?**

A Der Boden schimmert weiß.
B Bestimmte Nährstoffe werden im Boden festgehalten.
C Der Boden verträgt keinen Frost.

67 **Warum kann zu viel Stickstoffdünger im Gemüsebau für den Menschen gefährlich werden?**

A Es entstehen zu hohe Nitratwerte in Blattgemüsearten.
B Blattgemüsearten bekommen durch zu viel Chlorophyll eine ungesunde Farbe.
C Das Gemüse gibt zu viel Stickstoff an den Boden ab.

68 **Nitrat fördert in Seen und Bächen**

A das Wachstum der Fische.
B das Wachstum der Algen.
C die Blaufärbung des Wassers.

69 **Was versteht man unter Nährstoffauswaschung?**

A Die Auswaschung von Nährstoffen durch Mikroorganismen.
B Die Verlagerung von Nährstoffen in das Grundwasser.
C Nährstoffe werden nicht ausgewaschen.

70 **Aus welchem Boden werden Düngemittel schnell ausgewaschen?**

A Tonboden
B Lehmboden
C Sandboden

71 **Falsche Düngung**

A kann die Pflanzen schädigen.
B macht den meisten Pflanzen nichts aus.
C ist gut für den Nährstoffgehalt des Grundwassers.

72 **Was muss der Gärtner beachten, damit er bei der Düngung die Umwelt nicht belastet?**

A Dass er Düngemittel verwendet, die leicht abbaubar sind.
B Dass er die Düngung während der Vegetationsruhe durchführt.
C Dass er die Düngung zeitlich und mengenmäßig auf den Bedarf der Pflanze abstimmt.

73 **Aus der Luft nimmt die Pflanze folgende Nährelemente auf:**

A Bor (B), Kupfer (Cu)
B Kohlenstoff (C), Sauerstoff (O)
C Fluor (F), Chlor (Cl)

74 Um eine Düngergabe richtig bemessen zu können, sollte man

- **A** die Preise für Düngemittel europaweit vergleichen.
- **B** nur düngen, wenn der Boden keinen Ertrag mehr bringt.
- **C** eine Bodenprobe untersuchen lassen.

75 Schwermetalle sind für Pflanzen giftig. Wodurch können sie in den Boden gelangen?

- **A** Durch Müllkompost, Klärschlamm.
- **B** Durch Mehrnährstoffdünger.
- **C** Durch gebrannten Kalk.

1.4 Pflanzenschutz

1 Was versteht man unter dem Begriff „Pflanzenschutz"?

- **A** Alle Maßnahmen zum Schutz der Menschen vor Pflanzen.
- **B** Alle Maßnahmen zum Schutz der Kulturpflanzen vor Krankheiten und Schädlingen.
- **C** Alle Maßnahmen zum Schutz der Nützlinge vor den Kulturpflanzen.

2 Wann ist eine Pflanze krank?

- **A** Wenn keine Insekten mehr zu den Blüten fliegen.
- **B** Wenn sich auf oder in der Pflanze Schadorganismen befinden.
- **C** Wenn die Blätter im Herbst abfallen.

3 Welche Ursachen für Krankheiten und Beschädigungen an Pflanzen gibt es?

- **A** Mechanische und kriminelle Ursachen.
- **B** Direkte und indirekte Ursachen.
- **C** Belebte und unbelebte Ursachen.

4 Was sind unbelebte Schadursachen?

- **A** Hagel, Bodenverdichtung, Abgase
- **B** Feldmäuse, Streusalz, Frost
- **C** Starke Trockenheit, Schnecken, Wühlmäuse

5 Was sind belebte Schadursachen?

- **A** Spätfröste, Nährstoffmangel, Feldhamster
- **B** Blattläuse, Raupen, Kastanienminiermotte
- **C** Dickmaulrüssler, zu viel Wasser, giftige Stoffe

6 Was versteht man unter dem biologischen Gleichgewicht in der Natur?

- **A** Das ausgeglichene Vorhandensein von Schädlingen und Nützlingen.
- **B** Pflanzen und Boden haben annähernd ein ähnliches Gewicht.
- **C** Menschen und Tiere sind in gleicher Anzahl in der Natur vorhanden.

7 Was bedeutet vorbeugender Pflanzenschutz?

- **A** Vorbeugend Herbizid spritzen.
- **B** Robuste, resistente Pflanzenarten aussuchen.
- **C** Vorbeugend Schädlinge einsetzen.

8 Welche Maßnahmen gehören zum vorbeugenden Pflanzenschutz?

- **A** Vorsorglicher Einsatz von Herbiziden, damit Schädlinge sich nicht entwickeln können.
- **B** Der Einsatz von Nützlingen.
- **C** Die Schaffung optimaler Wachstumsbedingungen.

9 Was gilt als vorbeugender Pflanzenschutz?

- **A** Die Verwendung gesunder Pflanzen.
- **B** Die Ausbringung von Herbiziden vor der Pflanzung.
- **C** Die Verwendung von Sorten, die nicht resistent sind.

10 Was sind physikalische Pflanzenschutzmaßnahmen?

- **A** Die mechanische Bekämpfung von Schädlingen.
- **B** Der Einsatz von Pheromonen.
- **C** Der Einsatz von Nützlingen.

11 Was ist ein Vorteil des biologischen Pflanzenschutzes?

- **A** Niedrige Kosten
- **B** Schonung der Umwelt
- **C** Hohe Wartezeiten, bis der Nützling alle Schädlinge entfernt hat

12 Eine biotechnische Maßnahme im Pflanzenschutz ist

- **A** der Einsatz von Gelbtafeln.
- **B** der Einsatz von Marienkäfern gegen Blattläuse.
- **C** der Einsatz von Insektiziden.

13 Welche ist keine Pflanzenschutzmaßnahme?

- **A** Vorbeugender Pflanzenschutz.
- **B** Nachtragender Pflanzenschutz.
- **C** Biologischer Pflanzenschutz.

14 Was passiert mit Pflanzen bei Lichtmangel?

- **A** Aufhellungen (Chlorosen), Blattfall, Vergeilen
- **B** Braune Flecken, große Blüten
- **C** Dunkelgrüne Blätter, kleine Blüten

15 **Welche Schäden entstehen durch Wassermangel?**

- **A** Die Blüten öffnen sich vorzeitig, die Blätter fallen ab.
- **B** Blattwelke, die Blüten öffnen sich nicht.
- **C** Die Blätter bleiben haften, ein großes Triebwachstum.

16 **Was geschieht bei Wasserüberschuss?**

- **A** Die Pflanze wächst schneller.
- **B** Die Pflanze schließt die Spaltöffnungen, um das überschüssige Wasser zu speichern.
- **C** Es entsteht Staunässe, was Wurzelfäule begünstigt.

17 **Was ist bei Nährstoffmangel zu beobachten?**

- **A** Kümmerwuchs
- **B** Große, grüne Blätter
- **C** Ausgeprägte Blüten

18 **Welche Schäden können bei Nährstoffüberschuss auftreten?**

- **A** Hohe Widerstandskraft gegenüber Krankheiten und Schädlingen.
- **B** Wurzelschädigungen.
- **C** Festes Gewebe.

19 **Was ist eine Monokultur?**

- **A** Ein Kulturanbau mit einheitlicher Blütenfarbe.
- **B** Ein großflächiger Anbau nur einer Pflanzenart.
- **C** Einzeln stehende Kulturen.

20 **Welchen Vorteil hat eine Monokultur?**

- **A** Es erleichtert den Einsatz von chemischen Pflanzenschutzmitteln.
- **B** Es sind mehr Nützlinge vorhanden.
- **C** Es gibt unterschiedliche Nährstoffansprüche.

21 **Was ist eine Mischkultur?**

- **A** Der Kulturanbau mit verschiedenen Blütenfarben.
- **B** Kulturen, die als Solitärpflanzen angebaut werden.
- **C** Der Anbau verschiedener Pflanzenarten gleichzeitig.

22 **Wofür steht der Begriff „Unkraut“?**

- **A** Für eine krautige Pflanze, die ein ungutes Äußeres besitzt.
- **B** Für eine krautige Pflanze, die generell als Kulturpflanze genutzt wird.
- **C** Für eine meist krautige Pflanze, die im Kulturbestand ungewollt ist.

23 **Welche Arten von Unkräutern gibt es?**

- **A** Blütenunkräuter, Samenunkräuter
- **B** Wurzelunkäuter, Blattunkräuter
- **C** Samenunkräuter, Wurzelunkräuter

24 Weshalb werden Un- bzw. Wildkräuter im Gartenbau bekämpft?

- **A** Weil Un- bzw. Wildkräuter nicht so dekorativ blühen.
- **B** Weil Un- bzw. Wildkräuter mit anderen Pflanzen um Licht, Nährstoffe und Wasser konkurrieren.
- **C** Weil alle Un- bzw. Wildkräuter für Tiere und Menschen schädlich sind.

25 Wie kann man Un- bzw. Wildkräuter bekämpfen?

- **A** Hacken, umgraben, abflammen
- **B** Umgraben, ausweisen, hacken
- **C** Abflammen, grubbern, einpflanzen

26 Welches Wildkraut lässt sich schwer bekämpfen?

- **A** Quecke
- **B** Hirtentäschel
- **C** Spitzwegerich

27 Wildkräuter sind

- **A** Brennnessel, Efeu, Roseneibisch
- **B** Buchs, Löwenzahn, Welsches Weidelgras
- **C** Hirtentäschel, Quecke, Franzosenkraut

28 Wann kann man Samenunkräuter wirksam bekämpfen?

- **A** Vor der Blüte
- **B** Bei Erscheinen der Samenkapsel
- **C** Nach der Blüte

29 Nach ihrer Wirkung werden Pflanzenschutzmittel unterschieden in

- **A** Kontakt-, Atem- und Fraßgifte.
- **B** Systemische Gifte, Hörgifte, Fraßgifte.
- **C** Blick-, Atem- und Genussgifte.

30 Was bekämpft man mit Fungiziden?

- **A** Bakterien
- **B** Pilze
- **C** Insekten

31 Was bekämpft man mit einem Herbizid?

- **A** Pilze
- **B** Insekten
- **C** Wildkräuter

32 Was ist ein Insektizid?

- **A** Ein Düngemittel mit Insekteneiweiß.
- **B** Ein Pflanzenschutzmittel gegen Insekten.
- **C** Ein Stauchemittel für Insekten.

33 **Blattläuse verursachen folgendes Schadbild:**
- **A** Es sind Fraßgänge sichtbar.
- **B** Blattläuse saugen Pflanzensaft und die Blätter rollen sich ein.
- **C** Auf der unteren Seite der Blätter zeigt sich ein weißer Belag.

34 **Welches Schadbild verursachen Schnecken?**
- **A** Schabefraß
- **B** Weißer Belag auf den Blättern
- **C** Saugflecken

35 **Was sind Thripse?**
- **A** Beißende Insekten
- **B** Saugende Insekten
- **C** Knabbernde Insekten

36 **Spinnmilben erzeugen folgendes Schadbild:**
- **A** Weißer Belag auf der Blattunterseite.
- **B** Fraßstellen an den Blättern.
- **C** Vergilben der Blätter.

37 **Welcher Schädling produziert Honigtau?**
- **A** Blattlaus
- **B** Schnecke
- **C** Wühlmaus

38 **In welcher Reihe stehen nur tierische Schadorganismen?**
- **A** Mehltau, Grauschimmel, Wühlmäuse
- **B** Blattläuse, weiße Fliege, Thripse
- **C** Nematoden, Rosenrost, Blattfleckenkrankheit

39 **Was verursacht Fraßschäden an Blättern?**
- **A** Schimmelpilz
- **B** Regenwürmer
- **C** Schnecken

40 **Was sind Schädlinge?**
- **A** Bodenbearbeitungsgeräte, die schädlich wirken.
- **B** Tiere, die den Kulturpflanzen nützlich sind.
- **C** Tiere, die unsere Kulturpflanzen schädigen.

41 **Was sind Nützlinge?**
- **A** Sie vernichten die Schädlinge.
- **B** Sie sind nützlich für die Schädlinge.
- **C** Viren oder Bakterien, welche die Kulturpflanzen schädigen.

42 **Welches Tier ist ein Nützling?**
- **A** Schildlaus
- **B** Maikäfer
- **C** Marienkäfer

43 Woran erkennt man Insekten?
- **A** Sie haben 8 Beine und einen in Kopf und Rumpf unterteilten Körper.
- **B** Sie haben 6 Beine und einen in Kopf, Brustabschnitt und Hinterleib unterteilten Körper.
- **C** Sie haben keine Beine und einen ungegliederten Körper.

44 Was versteht man unter der vollständigen Umwandlung bei Insekten?
- **A** Das Jungtier sieht völlig anders aus als das erwachsene Tier.
- **B** Das Jungtier ähnelt dem erwachsenen Tier.
- **C** Das Jungtier und das erwachsene Tier sind im Aussehen völlig gleich.

45 Was bezeichnet man als unvollständige Umwandlung von Insekten?
- **A** Das Jungtier sieht völlig anders aus als das erwachsene Tier.
- **B** Das Jungtier ähnelt dem erwachsenen Tier.
- **C** Das Jungtier und das erwachsene Tier sind im Aussehen völlig gleich.

46 Insekten ernähren sich
- **A** schneidend, sägend.
- **B** reißend, klappernd.
- **C** saugend, stechend.

47 Was sind saugende Insekten?
- **A** Insekten, die sich an der Kleidung festsaugen.
- **B** Insekten, die sich im Boden festsaugen.
- **C** Insekten, die Pflanzensäfte saugen.

48 Was sind beißende Insekten?
- **A** Insekten mit beißenden (kauenden) Mundwerkzeugen.
- **B** Nützlinge, die andere Nützlinge durch ihre Beißwerkzeuge schädigen.
- **C** Insekten, welche die Bodengare durchbeißen.

49 Was ist Honigtau?
- **A** Eine Blutart von Insekten.
- **B** Saft, der als Exkrement z.B. von Blattläusen ausgeschieden wird.
- **C** Tau, der bei Honigpflanzen in den frühen Morgenstunden entsteht.

50 Welche Nagetiere sind vor allem im Gartenbau schädlich?
- **A** Wühlmäuse
- **B** Biber
- **C** Igel

51 Wodurch werden Pilzkrankheiten hervorgerufen?
- **A** Durch zu viel Licht
- **B** Durch feuchtes – warmes Klima
- **C** Durch zu wenig Sauerstoff

52 **Woran erkennt man Grauschimmel (Botrytis)?**

- **A** Am weißen Belag auf der Blattunterseite.
- **B** Am grauen, dicken Schimmelrasen.
- **C** Am weißen Belag auf der Blattoberseite.

53 **Echten Mehltau finden wir**

- **A** auf der Blattoberseite.
- **B** auf Blattober- und Unterseite.
- **C** auf der Blattunterseite.

54 **Echter Mehltau kann**

- **A** nicht abgewischt werden.
- **B** abgewischt werden.
- **C** nur mit Wasser entfernt werden.

55 **Wo befindet sich der falsche Mehltau an der Pflanze?**

- **A** Auf der Blattober- und Unterseite.
- **B** Auf der Blattoberseite.
- **C** Auf der Blattunterseite.

56 **Wie kann Mehltau bekämpft werden?**

- **A** Durch den Einsatz von Herbiziden.
- **B** Die befallenen Pflanzen abduschen.
- **C** Durch den Einsatz von Fungiziden.

57 **Pilze können**

- **A** nur die Blüten befallen.
- **B** nur die Wurzel befallen.
- **C** alle Pflanzenteile befallen.

58 **Was ist ein Kennzeichen von Pilzen?**

- **A** Sie sind immer giftig.
- **B** Sie besitzen weder Wurzel, Sprossachse, Blätter noch Blüten.
- **C** Sie vermehren sich über Befruchtung.

59 **Was kann man gegen Pilzkrankheiten tun?**

- **A** Befallene Zweige und Blätter entfernen.
- **B** Mit Insektiziden behandeln.
- **C** Pflanzen mit Wasser abduschen.

60 **Was ist eine Chlorose?**

- **A** Eine Braunfärbung der Blätter.
- **B** Die Schädigung einer Pflanze durch Chlor.
- **C** Eine Gelbfärbung der Blätter.

61 **Bestimme die Schadbilder der folgenden Abbildung! Verwende dazu die nachstehenden Begriffe.**

Welke, Beschädigungen, Fäule, Flecken, Nekrosen, Deformationen, Chlorosen

A ____________________ E ____________________

B ____________________ F ____________________

C ____________________ G ____________________

D ____________________

62 Um giftige Pflanzenschutzmittel auszubringen, benötigt man

- **A** nur Kenntnisse über die Schädlinge.
- **B** keine besonderen Fähigkeiten und Fertigkeiten.
- **C** einen Sachkundenachweis.

63 Wo müssen Pflanzenschutzmittel aufbewahrt werden?

- **A** Immer griffbereit am Arbeitsplatz.
- **B** Im verschlossenen Giftschrank.
- **C** Im verschlossenen Heizungsraum.

64 Wie werden giftige Pflanzenschutzmittel gekennzeichnet?

- **A** Mit einem gelborangen Warnzeichen.
- **B** Es besteht keine besondere Kennzeichnungspflicht.
- **C** Mit einem weißen Schild mit rotem Kreuz.

65 Wann darf nicht gespritzt werden?

- **A** Bei Hagel, normalen Temperaturen, Sturm.
- **B** Bei Wind, Regen, Hitze.
- **C** Bei Schnee, schönem Wetter, Orkanböen.

66 Was ist bei einem Vergiftungsverdacht zu tun?

- **A** Sofort etwas trinken, um das Gift auszuspülen.
- **B** Sofort in den Sanitätsraum legen und ausruhen, bis das Gift verdaut ist.
- **C** Sofort zum Arzt gehen.

67 Was ist bei der Anwendung von chemischen Pflanzenschutzmitteln im Gewächshaus zu beachten?

- **A** Die Wirkung von chemischen Pflanzenschutzmitteln ist im Gewächshaus eingeschränkt.
- **B** Es muss genügend Kohlenstoffdioxid für die Ausbreitung vorhanden sein.
- **C** Es kann eine hohe Giftkonzentration in der Luft entstehen.

68 Worauf muss beim Umgang mit chemischen Pflanzenschutzmitteln geachtet werden?

- **A** Die Gebrauchsanweisung muss genau gelesen werden.
- **B** Man sollte normale Arbeitskleidung tragen.
- **C** Man sollte Spritzgeräte verwenden, deren Düsen man vorher mit dem Mund ausgeblasen hat.

69 Welchen Nachteil kann der Einsatz von chemischen Pflanzenschutzmitteln haben?

A Die Umwelt wird geschützt.
B Es gibt keine Rückstände auf Obst, Gemüse, Blättern.
C Auch nichtschädliche Organismen werden vernichtet.

70 Welche Gegenstände gehören zu einer Schutzausrüstung?

A Schutzbrille, Körperschutz, Schutzhandschuhe.
B Kopfschutz, Sonnenbrille, Maleranzug.
C Sonnenhut, Arbeitsschutzschuhe, Atemschutz.

71 Was ist bei der Beseitigung von Pflanzenschutzmittelresten zu beachten?

A Sie dürfen generell in den Ausguss geschüttet werden.
B Sie müssen so entsorgt werden, dass das Wohl der Allgemeinheit nicht gefährdet wird.
C Sie dürfen auf jede beliebige Fläche ausgebracht werden.

72 Was ist Resistenz?

A Ein chemisches Pflanzenschutzmittel.
B Die Widerstandsfähigkeit von Schadorganismen gegenüber Pestiziden.
C Die Widerstandsfähigkeit von Schadorganismen gegenüber Nützlingen.

73 Was ist eine Bodendämpfung?

A Die Einleitung von heißem Wasserdampf in den Boden, um Schaderreger und Wildkrautsamen abzutöten.
B Die Verhinderung einer Lärmbelästigung bei der Bodenbearbeitung.
C Das Abflammen von Wurzelunkräutern.

74 Warum dämpft man Erde?

A Zum Abtöten von Krankheitserregern und Wildkrautsamen.
B Zum Durchfeuchten der Erde.
C Zum Lockern des Bodens.

75 Wogegen setzt man Rodentizide ein?

A Viren
B Unkräuter
C Nagetiere

76 Wodurch werden Pilzkrankheiten an Pflanzen gefördert?

A Durch viel Trockenheit und Sonne.
B Durch hohe Luftfeuchtigkeit und Wärme.
C Durch Kälte und viel Schnee.

77 Wozu können mechanische Einwirkungen an Pflanzen führen?

A Zu chlorotischen Blättern.
B Zu abgefressenen Blütenteilen.
C Zu abgeknickten Sprossachsen.

78 Wann entwickeln sich tierische Schädlinge am besten?

A Bei Hitze, Trockenheit und Sonne.
B Bei Gewitter und Regen.
C Bei Kälte und Regen.

79 Wie wirken Insektizide?

A Durch die Aufnahme über die Wurzel.
B Als Fraß-, Atem-, Kontaktgift.
C Nur als Fraßgift.

80 Wogegen wirkt ein Akarizid?

A Gegen Insekten.
B Gegen Schnecken.
C Gegen Milben.

81 Wer darf im Gartenbau Pflanzenschutzmittel ausbringen?

A Jede Person mit einem Sachkundenachweis.
B Jeder Auszubildende im 1. Lehrjahr.
C Nur der Lehrmeister.

82 Was ist keine Bezeichnung für ein Pflanzenschutzmittel?

A „giftig"
B „mittelmäßig giftig"
C „gesundheitsschädlich"

1.5 Maschinen, Anlagen, Geräte und Materialien

1 Warum sollte ein Werker im Gartenbau Kenntnisse über die Materialien haben, mit denen er arbeitet?

A Um die Materialien entsprechend schonen zu können.
B Um beim Verkauf aussagekräftig darüber zu sein.
C Um Werkzeuge und Geräte fachgerecht einzusetzen.

2 Keine Eigenschaft von Materialien ist

A die Sehfähigkeit.
B die Leitfähigkeit.
C Gewicht und Dichte.

3 Wann darf ein Auszubildender mit einer Maschine arbeiten?

A Immer wenn es notwendig ist.
B Nur nach technischer Einweisung und mit Arbeitsauftrag.
C Wenn die Maschine gerade von niemand anderem benutzt wird.

4 Die Pflege von Maschinen und Geräten beinhaltet

A regelmäßig die Bedienanleitung zu lesen.
B sie nach jedem Gebrauch zu reinigen und zu warten.
C sie dort stehen zu lassen, wo sie verwendet werden.

5 Womit wird eine Bodenfräse mit einem Zweitakt-Motor betankt?

A Benzin-Öl-Gemisch
B Diesel
C Superbenzin

6 Warum produzieren Zweitakt-Motoren bläulich aussehende Abgase?

A Weil der Diesel blau ist.
B Weil auch Öl verbrannt wird.
C Weil auch Wasser mit verbrannt wird.

7 Mit welchem Treibstoff betankt man eine Maschine mit einem Viertakt-Otto-Motor?

A Benzin-Öl-Gemisch
B Dieselkraftstoff
C Superbenzin

8 Womit können Motoren nicht angetrieben werden?

A Mit Druckluft
B Mit gefrorenem Wasser
C Mit Dampf

9 In welcher Zeile ist die richtige Reihenfolge der Arbeitsschritte eines Viertakt- Otto-Motors angegeben?

A Ansaugen, Arbeiten, Verdichten, Ausstoßen.
B Ansaugen, Verdichten, Arbeiten, Ausstoßen.
C Arbeiten, Ansaugen, Verdichten, Ausstoßen.

10 Was ist kein Vorteil von Elektromotoren?

A Sie laufen leise.
B Sie werden mit Holz betrieben.
C Sie produzieren keine Auspuffgase.

11 Was ist das wichtigste Merkmal eines Dieselmotors?

A Die Selbstentzündung.
B Der Vergaser.
C Die Zündkerzen.

12 Was ist das wichtigste Merkmal eines Ottomotors?

A Die Fremdentzündung.
B Dass er nur mit Luft gekühlt werden kann.
C Dass er nur mit einem elektrischen Anlasser gestartet werden kann.

13 **Was meint man mit einem Kraftstoffgemisch 1:50?**

A 1 Liter Diesel auf 50 Liter Benzin.
B 1 Liter Öl auf 50 Liter Benzin.
C 1 Liter Benzin auf 50 Liter Diesel.

14 **Wie kann man ausgelaufenes Dieselöl beseitigen?**

A Mit Wasser wegspülen.
B Mit Sägemehl aufsaugen.
C Abflammen.

15 **Was sollte mit Altöl nach einem Motorölwechsel geschehen?**

A Es kann im nächsten Fahrzeug erneut verwendet werden.
B Es kann bedenkenlos in den Ausguss geschüttet werden.
C Als Sondermüll in der Altölsammelstelle entsorgen.

16 **Warum betätigt man den Choke?**

A Um Diesel zu sparen.
B Es erleichtert das Starten des Motors im kalten Zustand.
C Damit die Bremse besser funktioniert.

17 **Welche Arbeitsgeräte werden mit Motorkraft betrieben?**

A Rüttelplatte, Fräse
B Reihenzieher, Kettensäge
C Radlader, Lotschnur

18 **Was muss man beim Umgang mit der Bodenfräse beachten?**

A Es gibt keine besonderen Vorschriften beim Umgang mit der Bodenfräse.
B Enganliegende Kleidung tragen, Arbeitsschutzschuhe tragen, genaue Einweisung vor Arbeitsbeginn.
C Nur die Bedienungsanleitung lesen.

19 **Warum müssen an drehenden Maschinenteilen Verkleidungen angebracht werden?**

A Weil dadurch Unfälle vermieden werden.
B Damit es besser aussieht.
C Damit die Maschine nicht auseinander fällt.

20 **Warum dürfen Verbrennungsmotoren nicht in geschlossenen Räumen laufen?**

A Es werden die Höchstwerte für die Lautstärke überschritten.
B Die Konzentration an giftigen Abgasen ist in Räumen zu hoch.
C Es würde zu viel Kohlestoffdioxid verloren gehen.

21 **Welches Bodenbearbeitungsgerät dient dem Wenden des Bodens?**

A Pflug
B Fräse
C Egge

22 Welches Bodenbearbeitungsgerät dient der tiefgründigen Bearbeitung?

- **A** Walze
- **B** Kreiselegge
- **C** Pflug

23 Wozu dient eine Fräse?

- **A** Sie vernichtet alle Schädlinge im Boden.
- **B** Sie erzeugt in einem Arbeitsgang einen lockeren, krümeligen, gut durchmischten, saat- oder pflanzfertigen Boden.
- **C** Der Bodenverdichtung.

24 Was muss an einer Fräse vorhanden sein?

- **A** Auffangbehälter
- **B** Überrollbügel
- **C** Fräskasten

25 Warum muss beim Fräsen im Rückwärtsgang das Fräswerk ausgeschaltet sein?

- **A** Damit Unfälle vermieden werden.
- **B** Um Diesel zu sparen.
- **C** Um die Richtung einzuhalten.

26 Was ist ein Einachsschlepper?

- **A** Ein Arbeitsgerät mit einer Antriebsachse.
- **B** Ein Arbeitsgerät für nur eine Arbeitstätigkeit.
- **C** Ein Arbeitsgerät für Anbaugeräte mit einer Achse.

27 Beim Wendepflug

- **A** muss in Streifen gearbeitet werden.
- **B** wird nach jedem Arbeitsgang gewendet.
- **C** kann man in der Spur sofort zurückfahren.

28 Welche Messer zählen nicht zu den Gärtnerwerkzeugen?

- **A** Hippe, Okuliermesser
- **B** Brotmesser, Teppichmesser
- **C** Klappmesser, Kopuliermesser

29 Ordnen Sie folgende Begriffe der Abbildung zu!

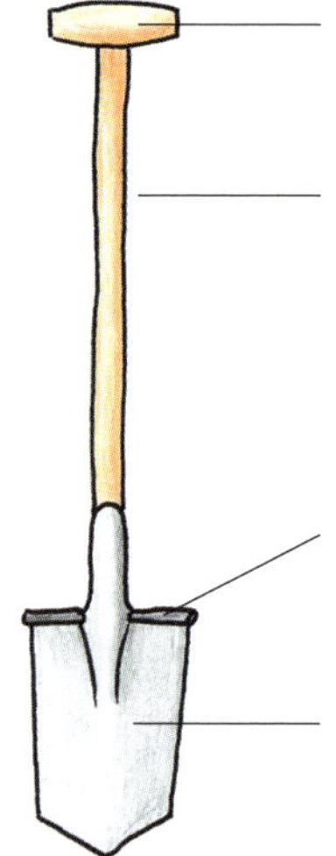

- **A** Trittschutz
- **B** Stiel
- **C** T-Griff
- **D** Spatenblatt

30 **Welches Material eignet sich für Spatenstiele?**

A Das Holz der Kiefer.
B Das Holz der Esche.
C Das Holz der Pappel.

31 **Bezeichne die wichtigsten Handgeräte zur Bodenbearbeitung!**

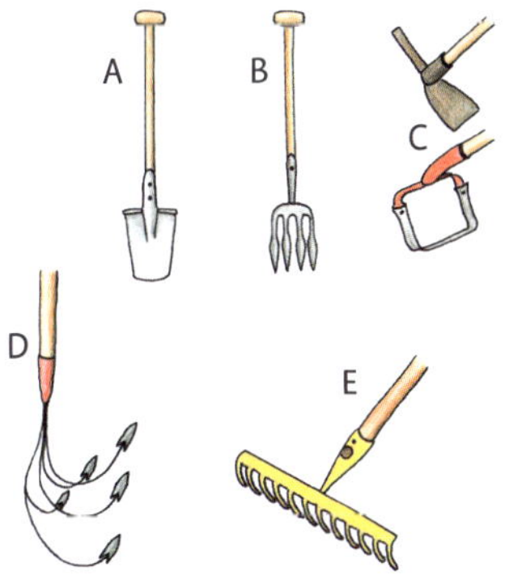

A ______________________
B ______________________
C ______________________
D ______________________
E ______________________

32 **Wie werden Bodenbearbeitungsgeräte winterfest gemacht?**

A Mit Wasser säubern und trocken putzen.
B Einölen.
C Mit Rostschutz einreiben.

33 **Wozu dient ein Thermostat?**

A Es misst den Luftdruck.
B Es regelt die Temperatur.
C Es regelt die Luftfeuchtigkeit.

34 **Wie wird folgendes Gerät bezeichnet und was kann man daran ablesen?**

A Minimum-Maximum-Thermometer, Temperatur.
B Minimum-Maximum-Gasometer, Gasverbrauch im Gewächshaus.
C Minimum-Maximum-Hygrometer, Wasserverbrauch.

35 **Womit kann man eine Flüssigdüngung durchführen?**

A Mit einem Schleuderstreuer.
B Mit einem Streuwagen.
C Mit dem Gewa-Düngermischer.

36 Wann halten die Gummireifen einer Schubkarre länger?

A Wenn sie regelmäßig abgefahren werden.
B Wenn sie den richtigen Luftdruck haben.
C Wenn sie öfter eingeölt werden.

37 Welches ist keine positive Eigenschaft von Holz?

A Holz verrottet – ist also ein natürlicher Werkstoff.
B Es ist relativ leicht zu bearbeiten.
C Holz kann sich verziehen.

38 Was muss man beachten, wenn man im Gartenbau Holz verwendet?

A Dass man Holz nicht bearbeiten kann.
B Dass Holz keine Risse hat.
C Dass Holz verwittert.

39 Was erreicht man, wenn man Holz mit einer Lasur behandelt?

A Das Holz verwittert nicht so leicht.
B Es sieht viel besser aus.
C Die Nützlinge werden vom Holz fern gehalten.

40 Was sind Verwendungsmöglichkeiten von Holz im Gartenbau?

A Gartenschläuche, Bauholz.
B Gartenbänke, Werkzeugteile.
C Terrassenbeläge, Beregnungsanlagen.

41 Woraus werden Kunststoffe hauptsächlich hergestellt?

A Aus Erdgas.
B Aus Braunkohle.
C Aus Erdöl.

42 Welche Aussage zu Kunststoffen ist falsch?

A Kunststoffe sind kaum umweltbelastend.
B Kunststoffe können unterschiedlich geformt werden.
C Kunststoffe besitzen ein geringes Gewicht.

43 Wo werden Kunststoffe im Gartenbau nicht eingesetzt?

A Als Balkonkästen und Pflanztöpfe.
B Als Stahltreppen und Bohrer.
C Als Gießkannen und Verpackungsmaterialien.

44 **Welche Nachteile können Kunststoffe haben?**

A Man kann sie sägen und bohren.

B Man kann Recyclingkunststoffe einsetzen.

C Sie werden spröde und brechen dann leicht.

45 **Was kann man gegen rostenden Stahl tun?**

A Nichts.

B Feuerverzinken.

C Mit Wasser abstrahlen.

46 **Was ist kein Eisenmetall?**

A Guss

B Aluminium

C Eisen

47 **Was ist kein Nichteisenmetall?**

A Kupfer

B Blei

C Grauguss

48 **Welche Geräte und Werkzeuge sind aus Metall?**

A Spatenblatt, Hammer.

B Tontopf, Wasserpalette.

C Pikierschale, Gartenschlauch.

49 **Was ist eine Legierung?**

A Der Vorstand des Gartenbaubetriebes.

B Eine Schmelze aus zwei Metallen.

C Eine Schutzschicht für Holzgeräte.

50 **Womit kann man Metall bearbeiten?**

A Schraubenzieher, Gliedermaßstab.

B Haushaltsschere, Hammer.

C Eisensäge, Gewindeschneider.

51 **Welchen Vorteil hat Aluminium?**

A Es ist leicht und lässt sich gut verformen.

B Es rostet nicht.

C Es schwindet, das heißt, es gibt Wasser ab und wird dadurch kleiner.

52 **Was ist beim Umgang mit Strom zu beachten?**

A Immer einen Kurzschluss produzieren, damit der Strom fließen kann.

B Die Sicherung muss immer herausgedreht werden.

C Kein Gerät mit defekten Kabeln nutzen.

53 **Welcher Brennstoff, der im Gartenbau verwendet wird, ist am umweltfreundlichsten?**

A Erdöl

B Steinkohle

C Holzschnitzel

54 Welches Gerät verwendet man zum Messen der Luftfeuchtigkeit?

- **A** Thermometer
- **B** Barometer
- **C** Hygrometer

55 Warum bearbeitet man Holz mit Holzschutzmitteln?

- **A** Damit es schöner aussieht.
- **B** Um das Holz vor dem Befall von tierischen und pflanzlichen Schädlingen zu schützen.
- **C** Damit das Sonnenlicht nicht so stark angreifen kann.

1.6 Betriebswirtschaftliche Grundlagen

1 Welche Inhalte sind in einer Ausbildungsverordnung bzw. einem Ausbildungsplan zu finden?

- **A** Bestimmungen über die Fertigkeiten und Kenntnisse, die während der Berufsausbildung zu vermitteln sind.
- **B** Bestimmungen über die Höhe der Ausbildungsvergütung.
- **C** Bestimmungen über die Länge der anschließenden Beschäftigungsdauer.

2 Wie wird die Art von Ausbildung bezeichnet, die im Ausbildungsbetrieb und in der Berufsschule erfolgt?

- **A** Berufsgrundbildung
- **B** Duale Ausbildung
- **C** Berufsvorbereitung

3 Welche Aussage zum Berufsausbildungsvertrag ist richtig?

- **A** Die Ausbildungszeit muss vertraglich geregelt werden.
- **B** Der Vertrag wird immer erst nach der Probezeit abgeschlossen.
- **C** Die Länge der Ausbildung wird erst nach der Probezeit festgelegt.

4 Welche Angaben muss ein Ausbildungsvertrag nach dem Berufsbildungsgesetz (BBiG) mindestens enthalten?

- **A** Dauer der Probezeit, Beginn und Dauer der Ausbildung, Art, Gliederung und Ziel der Ausbildung
- **B** Art, Gliederung und Ziel der Berufsausbildung, Höhe der Urlaubstage, Kleidungsstil in der Freizeit
- **C** Höhe und Zahlung der Vergütung, Sparraten, Dauer der Probezeit

5 Was gehört zu den Pflichten eines Ausbildenden?

A Ausbildungsziel einhalten, ausbildungsbezogene Tätigkeiten verrichten lassen
B Anmeldung zur Prüfung, Wohnung einrichten
C Ausbildungsmittel zur Verfügung stellen, Urlaubsreise bezahlen

6 Was gehört zu den Pflichten des Auszubildenden?

A Teilnahme an Prüfungen, Führerschein machen
B Berichtsheftführung, Lernpflicht, Weisungsgebundenheit
C Hausordnung verletzen, bei Krankheit Betrieb benachrichtigen

7 Wer muss den Ausbildungsvertrag unterschreiben?

A Oma und Opa, Ausbilder, ein Bekannter
B Auszubildender, Ausbilder, Freund bzw. Freundin als Zeugen
C Ausbilder, Auszubildender bzw. dessen gesetzliche Vertreter, Vertreter der Landwirtschaftskammer

8 Was sind Anforderungen für die Zulassung zur Abschlussprüfung?

A Vorlage von Pass und Personalausweis.
B Ein ordnungsgemäßes Berichtsheft, abgeschlossene Zwischenprüfung.
C Gute Berufsschulnoten, die Vorlage aller Berufsschulunterlagen.

9 Wer legt bei der Abschlussprüfung die Prüfungsnoten fest?

A Der Ausbildungsbetrieb
B Der Prüfungsausschuss
C Die Lehrer der Berufsschule

10 Nach Bestehen der Abschlussprüfung arbeiten Sie in einer Gärtnerei. Welchen Vertrag werden Sie mit Ihrem zukünftigen Arbeitgeber abschließen?

A Einen Lohntarifvertrag
B Einen Arbeitsvertrag
C Einen Kaufvertrag

11 Welche Unterlagen werden Ihnen vom Arbeitgeber nach der Ausbildung ausgehändigt?

A Die Personalakte
B Das polizeiliche Führungszeugnis
C Ein Arbeitszeugnis und die Lohnsteuerkarte

12 Wann kann einem Auszubildenden fristlos gekündigt werden?

- **A** Wenn er oft gegen die Pflichten des Ausbildungsvertrages verstoßen hat.
- **B** Bei einem Krankenstand von über 6 Wochen.
- **C** Bei regelmäßigem Besuch der Berufsschule.

13 Was muss bei der Bewerbung um einen Arbeitsplatz eingereicht werden?

- **A** Anschreiben, Lebenslauf, Zeugniskopien
- **B** Originalzeugnisse, Lebenslauf, Bewerbungsschreiben
- **C** Lebenslauf, Gesundheitszeugnis, Kontoauszüge

14 Wie hoch ist die tägliche Arbeitszeit für einen Jugendlichen?

- **A** 6 Stunden
- **B** 8 Stunden
- **C** 9 Stunden

15 Was sind Gründe für eine fristlose Kündigung?

- **A** Diebstahl, Pausen ständig überziehen, Niesen
- **B** Drogen, Alkohol am Arbeitsplatz, Schwarzarbeit
- **C** Kaugummi kauen, nicht befolgen von Anweisungen

16 Wann darf einem Arbeitnehmer fristlos gekündigt werden?

- **A** Ihm darf nicht fristlos gekündigt werden.
- **B** Bei Nichteinhaltung der Pausenzeiten.
- **C** Bei groben Verstößen gegen die Pflichten des Arbeitsvertrages.

17 Welches Gericht entscheidet über Klagen gegen eine fristlose Kündigung?

- **A** Das Arbeitsgericht
- **B** Das Sozialgericht
- **C** Das Familiengericht

18 Was sollte in einem Arbeitsvertrag klar geregelt sein?

- **A** Die Pausenzeiten
- **B** Der Umgang mit den Kollegen
- **C** Die Probezeit

19 Wann muss ein Berufsausbildungsverhältnis verlängert werden?

- **A** Automatisch bei schlechten Leistungen in der Zwischenprüfung.
- **B** Auf Wunsch der Berufsschule bei ungenügenden Leistungen.
- **C** Auf Wunsch des Auszubildenden bei nicht bestandener Abschlussprüfung.

20 Wann endet das Berufsausbildungsverhältnis?

- **A** Mit Bestehen der gesamten Abschlussprüfung.
- **B** Mit Ablauf des Quartals, in dem die Abschlussprüfung bestanden wird.
- **C** Mit dem Überreichen des Berufsschulzeugnisses.

21 Zu einer Bewerbung um eine Stelle im Gartenbau gehören

- **A** die Lohnsteuerkarte
- **B** ein polizeiliches Führungszeugnis
- **C** Zeugnisse von Betrieben, in denen schon gearbeitet wurde

22 Was bedeutet „berufliche Mobilität“?

- **A** Das Recht, seinen Arbeitsplatz frei wählen zu können.
- **B** Die Möglichkeit des Arbeitnehmers, selbst über seine Arbeitszeit bestimmen zu können.
- **C** Die Bereitschaft, wegen des Arbeitsplatzes einen Wohnortwechsel vorzunehmen.

23 Was ist eine Abmahnung?

- **A** Die Aufforderung, sich weiter so gut in den Ausbildungsbetrieb zu integrieren.
- **B** Die Aufforderung an einen Käufer, seine Rechnung zu begleichen.
- **C** Die Aufforderung, ein bestimmtes Verhalten zu unterlassen.

24 Nach wie viel Tagen muss der Krankenschein im Betrieb vorliegen?

- **A** Nach 5 Tagen
- **B** Nach 7 Tagen
- **C** Nach 3 Tagen

25 Wie wird im Gartenbau entlohnt?

- **A** Honorar
- **B** Provision
- **C** Leistungslohn, Stundenlohn

26 Was sind Steuern?

- **A** Abgaben an den Staat ohne Gegenleistung.
- **B** Eine Versicherung.
- **C** Eine Gewinnbeteiligung am Betrieb, in dem man arbeitet.

27 Welche Steuer wird Arbeitnehmern von ihrem Lohn abgezogen?

- **A** Gewerbesteuer
- **B** Mehrwertsteuer
- **C** Lohnsteuer

28 Welche Beträge werden automatisch vom Bruttolohn abgezogen?

- **A** Die Kontoführungsgebühren
- **B** Die Beiträge zur Kranken- und Rentenversicherung
- **C** Die Unfallversicherung

29 Wie hoch ist zurzeit die Mehrwertsteuer für allgemeine Wirtschaftsgüter?

A 25 %
B 7 %
C 19 %

30 Für besondere Leistungen kann es Lohnzuschläge geben. Was ist kein Grund für solch einen Zuschlag?

A Überstunden
B Pflanzarbeit
C Nachtarbeit

31 Welches sind drei Bundesländer der Bundesrepublik Deutschland?

A Sachsen, Ostfriesland, Bayern
B Sachsen-Anhalt, Niedersachsen, Hessen
C Saarland, Schleswig- Holstein, Eichsfeld

32 Wie lautet die bundesweit gültige Notrufnummer

A 105
B 112
C 0815

33 Wann ist man volljährig?

A Mit 16 Jahren
B Mit 18 Jahren
C Mit 21 Jahren

34 Welche Staatsform besitzt die Bundesrepublik Deutschland?

A Parlamentarische Demokratie
B Monarchie
C Diktatur

35 Welche Behauptung zur gesetzlichen Krankenkasse ist richtig?

A Erst nach einem Jahr Mitgliedschaft besteht ein Anspruch auf Leistungen.
B Die Krankenkasse übernimmt alle Kosten für Vorsorgeuntersuchungen, ärztliche Behandlungen und Krankenhausaufenthalte.
C Je mehr Beitrag der Arbeitgeber bezahlt, desto höher sind auch die Leistungen der Krankenkasse.

36 Was ist in Bezug auf die Zugehörigkeit eines Arbeitnehmers zur gesetzlichen Krankenkasse richtig?

A Es steht im Tarifvertrag, bei welcher Krankenkasse man Mitglied ist.
B Jeder versicherungspflichtige Arbeitnehmer kann seine Krankenkasse frei wählen.
C Der Arbeitnehmer ist automatisch Mitglied der jeweiligen Ortskrankenkasse.

37 Für wie viele Wochen bekommt ein kranker Arbeitnehmer den vollen Lohn vom Arbeitgeber?

- **A** Für eine Woche.
- **B** Für vier Wochen.
- **C** Für sechs Wochen.

38 Was sind Leistungen einer Krankenkasse?

- **A** Maßnahmen zur Früherkennung von Krankheiten.
- **B** Ein Pflegezuschuss.
- **C** Die Zahlung von Arbeitslosenhilfe.

39 Wer zahlt die Leistungen der gesetzlichen Krankenkasse?

- **A** Je ein Drittel der Staat, der Arbeitgeber und der Arbeitnehmer.
- **B** Arbeitnehmer und Arbeitgeber je zur Hälfte.
- **C** Allein der Staat.

40 Wer bezahlt die Beiträge zur gesetzlichen Unfallversicherung?

- **A** Nur der Arbeitnehmer.
- **B** Nur der Arbeitgeber.
- **C** 50 % der Arbeitnehmer und 50 % der Arbeitgeber.

41 Wer übernimmt die Kosten einer ärztlichen Behandlung nach einem Arbeitsunfall?

- **A** Der Hausarzt.
- **B** Die gesetzliche Krankenkasse.
- **C** Die betriebliche Unfallversicherung (Berufsgenossenschaft).

42 Was verlangt das Bundesurlaubsgesetz bei Erkrankung im Urlaub?

- **A** Die durch Krankheit ausgefallenen Urlaubstage werden ersetzt.
- **B** Dass man die Krankheit zu Hause auskuriert.
- **C** Dass man sofort nach Genesung wieder zur Arbeit geht, bevor man den Urlaub fortsetzen kann.

43 Die Gartenbauberufsgenossenschaft ist zuständig für

- **A** die Überwachung und Einhaltung der Unfallverhütungsvorschriften.
- **B** die Genehmigung von Sonn- und Feiertagsarbeit.
- **C** den Kampf um die Tarifverträge.

44 Was bezeichnet man als Arbeitsunfall?

- **A** Sportunfälle.
- **B** Unfälle zu Hause.
- **C** Unfälle im Betrieb und Unfälle zwischen Wohnung und Betrieb.

45 Herumliegende Schläuche, Kisten und Töpfe erhöhen

- **A** die Unfallgefahr.
- **B** die Arbeitsgeschwindigkeit.
- **C** die Verkaufsgeschwindigkeit.

46 **Was ist ein Unfall?**

- **A** Ein plötzliches, unfreiwilliges und von außen einwirkendes Ereignis, bei dem eine Person Schaden erleidet.
- **B** Ein absichtlich herbeigeführtes Ereignis.
- **C** Ein Ereignis, bei dem niemand zu Schaden kommt.

47 **Was sind Unfallarten?**

- **A** Haushalts-, Verkehrs-, Wegeunfall
- **B** Sport-, Näh-, Jagdunfall
- **C** Wild-, Essens-, Flugunfall

48 **Was ist beim Umgang mit elektrischen Geräten zu beachten?**

- **A** Sie können von jedem verwendet werden.
- **B** Sie sind nur nach einer Unterweisung zu bedienen.
- **C** Für jedes elektrische Gerät muss eine Bedienberechtigung gemacht werden.

49 **Welche Teile sind für den richtigen Körperschutz eines Gärtners nötig?**

- **A** Schlaghose, Schutzbrille, Gehörschutz.
- **B** Arbeitsschutzschuhe, Arbeitsschutzhandschuhe, Schutzbrille.
- **C** Arbeitskleidung, Helm, T-Shirt.

50 **Benenne die folgenden Abbildungen richtig!**

A ______________________

B ______________________

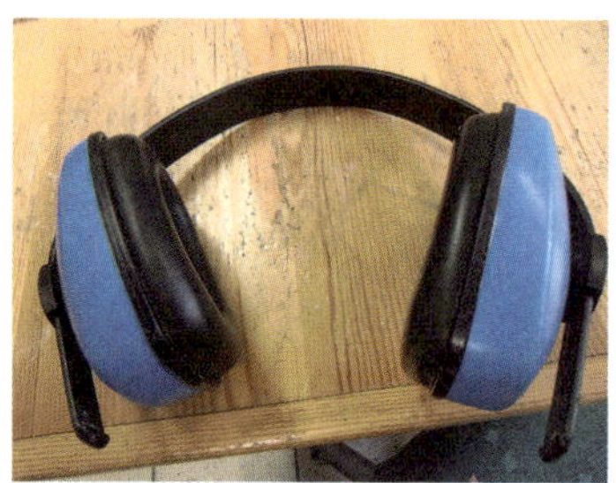

C ______________________

D ______________________________

E

51 **Was ist wichtig für einen Arbeitsplatz?**

A Die sinnvolle Anordnung der Werkzeuge und Arbeitsmaterialien.

B Die Möglichkeit, immer essen und trinken zu können.

C Der sinnvolle Einsatz von verschiedenen Medien (Handy, Radio, Internet).

52 **Was verhindert Rückenprobleme?**

A Nichts mehr anfassen.

B Ein gerader Rücken bei der Arbeit.

C Regelmäßig Gewichte über 25 kg heben.

53 **Wie sollte man sich bei einem Arbeitsunfall verhalten?**

A Wenn es geht, sofort weiter arbeiten.

B Sofort den Ausbilder informieren.

C Sofort nach Hause gehen und ins Bett legen.

54 **Was bedeutet folgendes Gebotszeichen?**

A Nur weiße Helme tragen.
B Passende Kopfbekleidung tragen.
C Kopfschutz (Schutzhelm) tragen.

55 **Nenne die Bedeutung des Zeichens!**

A Gehörschutz.
B Musik nur mit Kopfhörern anhören.
C Nur weiße Kopfhörer tragen.

56 **Was ist die richtige Bedeutung für folgendes Zeichen?**

A Für eine bessere Sicht immer eine Sehhilfe tragen.
B Schutzbrille tragen.
C Sehhilfe nur für männliche Angestellte.

57 **Welche Bedeutung hat das folgende Zeichen?**

A Nur mit weißen Handschuhen arbeiten.
B Alle Arbeiten sind generell nur mit Handschuhen durchzuführen.
C Schutzhandschuhe tragen.

58 Die Bedeutung des nachstehenden Zeichens lautet

A Fußschutz (Sicherheitsschuhe).
B Arbeit nur mit weißen Stiefeln.
C Schuhe dort abstellen, wo das Zeichen zu finden ist.

59 Welche Bedeutung hat das folgende Zeichen?

A Bei Erkältung unbedingt Atemschutz tragen.
B Atemschutz anlegen.
C Lagerstelle für Atemschutzgeräte.

60 Was ist die richtige Kennzeichnung für das nachstehende Zeichen?

A Die Arbeitskleidung muss immer einteilig sein.
B Ein Hinweisschild für Umkleidekabinen.
C Körperschutz ist zu tragen.

61 Das Zeichen bedeutet

A Ätzend
B Giftig
C Sehr giftig

62 Was bedeutet folgendes Gefahrenzeichen?

A Sehr giftig
B Brandfördernd
C Reizend

63 Wie ist die Bezeichnung des folgenden Zeichens?

A Umweltgefährlich
B Explosionsgefährlich
C Ätzend

64 Das Zeichen bedeutet

A Sehr giftig
B Umweltgefährlich
C Hochentzündlich

65 **Was bedeutet folgendes Gefahrenzeichen?**

A Reizend
B Ätzend
C Giftig

66 **Was ist die richtige Bezeichnung für das nachstehende Zeichen?**

A Gesundheitsschädlich
B Explosionsgefährlich
C Hochentzündlich

67 **Warum muss man bei bestimmten Arbeiten Schutzkleidung tragen?**

A Um vor dem Wetter geschützt zu sein.
B Weil es modisch ist.
C Um das eigene Leben vor Gefährdungen zu schützen.

68 **Was bedeutet die Abkürzung „GS“ an Maschinen?**

A Geprüfte Sicherheit
B Genehmigte Schutzvorrichtung
C Gefährliches Schneidewerkzeug

69 **Was ist beim Gebrauch von Atemschutzfiltern zu beachten?**

A Die Lebensdauer erhöht sich bei hoher Luftfeuchtigkeit.
B Nach Entfernung der Originalverpackung müssen sie nach sechs Wochen vernichtet werden.
C Man kann die Filter unbegrenzt und überall lagern.

70 **Beim rückengerechten Heben von Lasten ist folgendes zu beachten:**

A Lasten nie zu zweit heben!
B Lasten immer in gebeugter Haltung heben!
C Lasten immer mit geradem Oberkörper aus der Hocke anheben!

71 **Eine Quittung dient als Beweismittel für**
- **A** eine geleistete Zahlung.
- **B** eine ausgeführte Arbeit.
- **C** ein erstelltes Angebot.

72 **Was ist das Hauptziel einer unternehmerischen Tätigkeit?**
- **A** Eine optimale Freizeitgestaltung.
- **B** Die Gewinnerzielung.
- **C** Genügend Arbeitnehmer zu beschäftigen.

73 **Wozu benötigt der Gärtner eine Buchführung?**
- **A** Um Pflanzenbestellungen pünktlich abschicken zu können.
- **B** Damit er weiß, ob er mit Gewinn oder Verlust arbeitet.
- **C** Damit er das Buch veröffentlichen kann.

74 **Für die Buchführung schreibt der Gärtner**
- **A** nur die Materialkosten auf.
- **B** alle Ein- und Ausgaben des Betriebes auf.
- **C** den Gewinn eines Tages auf.

75 **Was ist ein Skonto?**
- **A** Ein Rabatt für langjährige Treue.
- **B** Ein Rechnungsabzug bei sofortiger Bezahlung.
- **C** Ein Großkundenrabatt.

76 **Was ist ein Rabatt?**
- **A** Eine bepflanzte Beetfläche.
- **B** Ein Dokument mit der genauen Aufstellung der Geldforderung.
- **C** Der Nachlass auf den Preis einer Ware.

77 **Was muss auf einer Rechnung extra ausgewiesen sein?**
- **A** Die Ökosteuer.
- **B** Die Mehrwertsteuer.
- **C** Die Lohnsteuer.

78 **Wozu dient ein Girokonto hauptsächlich?**
- **A** Als Aktienkonto.
- **B** Für den bargeldlosen Zahlungsverkehr.
- **C** Für die Anlage von Gewinnen.

79 **Zu den Betriebsfunktionen im Gartenbau gehören**
- **A** Produktion, Verkauf, Partyorganisation.
- **B** Lagerhaltung, Viehhaltung, Instandsetzung.
- **C** Transport, Lagerhaltung, Einkauf.

80 **Was gehört im Gartenbau zu den Dienstleistungsbetrieben?**
- **A** Gemüsebau, Baumschule.
- **B** Garten- und Landschaftsbau, Friedhofsgärtnerei.
- **C** Zierpflanzenbau, Obstbau.

81 **Was gehört im Gartenbau zu den Produktionsbetrieben?**

A Gemüsebau, Friedhofsgärtnerei.

B Garten- und Landschaftsbau, Obstbau.

C Zierpflanzenbau, Baumschule.

82 **Welche Dienstleistungen bietet der Gartenbau an?**

A Floristik, Anlage und Pflege von Gartenanlagen.

B Reparatur von Rasenmähern.

C Wohnraumgestaltung mit Pflanzen, Anlegen von Wohngebieten.

83 **Was ist eine typische Aufgabe der Baumschule?**

A Die Grabpflege.

B Das Bauen von Teichen und Mauern.

C Das Vermehren von Bäumen und Sträuchern.

84 **Welches sind Aufgabengebiete im Zierpflanzenbau?**

A Säen, pikieren und pflegen von Pflanzen.

B Roden von Bäumen mit Spezialgeräten.

C Anlegen von Kinderspielplätzen.

85 **Typische Aufgabengebiete im Garten- und Landschaftsbau sind**

A das Kultivieren von Topfpflanzen.

B das Begrünen von Fußgängerzonen, erstellen von Rasenflächen.

C Gemüse ernten, aufbereiten und lagern.

86 **Im Gemüsebau beschäftigt man sich vor allem mit**

A Oberflächenentwässerung, dem Pflanzen von Sträuchern.

B dem Kultivieren von Beet- und Balkonpflanzen.

C der Anzucht von Frucht-, Blatt- und Kohlgemüse.

87 **Wo kann im Gartenbau der Computer eingesetzt werden?**

A Bei Bestellungen, Klimasteuerung.

B Zum topfen und Wege reinigen.

C Bei der Bewässerung, als Hilfe in der Umkleidekabine.

88 **Durch welche Maßnahmen kann man im Gartenbau Energie einsparen?**

A Ein- und ausschalten von elektrischen Geräten.

B Einsatz energiesparender Heizungsanlagen und Wärmedämmung.

C Durch Einfachverglasung im Gewächshaus.

89 Absatz im betriebswirtschaftlichen Sinne ist

A Die Höhe eines Herrenschuhes.

B Alle Tätigkeiten eines Betriebes, die dazu dienen, die erzeugten Pflanzen oder Dienstleistungen zu verkaufen.

C Alle Tätigkeiten eines Betriebes, die dazu dienen, die erzeugten Pflanzen oder Dienstleistungen zu vermieten.

90 Wie kann der Absatz gefördert werden?

A Durch Werbung.

B Durch die Erhöhung der Preise.

C Der Verkauf der Ware an Orten, wo es keine Laufkundschaft gibt.

91 Unter direktem Absatz versteht man den Weg der Ware vom

A Erzeuger zum Verbraucher.

B Erzeuger über den Wiederverkäufer zum Verbraucher.

C Wiederverkäufer zum Erzeuger.

92 Unter indirektem Absatz versteht man den Weg der Ware vom

A Erzeuger über Zwischenverbraucher zum Endverbraucher.

B Erzeuger über den Wiederverkäufer zum Verbraucher.

C Verbraucher über den Wiederverkäufer zum Erzeuger.

93 Was sind Stammkunden?

A Personen, die in Baumschulen einkaufen.

B Personen, die häufiger in einem Betrieb oder Geschäft einkaufen.

C Personen, die zufällig den Weg ins Geschäft gefunden haben.

94 Was bezeichnet man als Laufkundschaft?

A Kunden, die zufällig am Geschäft vorbeikommen.

B Kunden, die zum Geschäft laufen müssen.

C Kundschaft, die laufend im Geschäft einkauft.

95 Kosten sind

A Eine Art der Mitarbeiterverpflegung.

B Eine Aufwandsentschädigung für nicht verkaufte Pflanzen.

C Der Aufwand für verbrauchte und gebrauchte Produktionsmittel in Bezug auf eine Leistung.

96 In einer Gärtnerei fallen Kosten verschiedener Art an. Welche sind dies?

A Arbeitskosten, Arbeitslohn, Materialkosten.

B Zinskosten, Lebensmittelkosten, Arbeitslohn.

C Abschreibungskosten, Kosten für Dienstleistungen Dritter, Arztkosten.

97 **Wer oder was bestimmt in einer Marktwirtschaft die Preise?**

A Angebot und Nachfrage.
B Das Wirtschaftsministerium.
C Jedes Geschäft für sich selbst.

98 **Wie nennt man die Vertretung für Arbeitnehmer?**

A Gesellschaft
B Gewerkschaft
C Gesinnung

99 **Was bedeutet die Abkürzung „DGB“?**

A Deutsche Gesellschaft für Bankwesen
B Deutscher Gartenbau
C Deutscher Gewerkschaftsbund

100 **Was bedeutet die Abkürzung „GmbH“?**

A Gemeinschaft mit beschränkter Haftung
B Gesellschaft mit beschränkter Haftung
C Genossenschaft mit befohlener Haftung

2 Besonderes Fachwissen

2.1 Fachwissen – Zierpflanzenbau

1 Kein Qualitätsmerkmal für eine Topfpflanze ist...

A ein kompakter Wuchs.
B schwammige Blätter.
C ausreichend Blüten und Knospen.

2 Welches sind die Qualitätsnormen für Schnitt- und Grünpflanzen?

A Güteklasse 1,2,3
B Güteklassen nach DIN
C Güteklassen nach ISO

3 Welche Aussage über die Lagerung von Stecklingen, Jungpflanzen, Topfpflanzen und Schnittblumen ist richtig?

A Bei der Lagerung muss die Wasserverdunstung gering sein.
B Die Qualität des Pflanzenmaterials hat keine Bedeutung für die Lagerung.
C Die Pflanzen wachsen während der Lagerung nicht.

4 Beschrifte die nachfolgenden Abbildungen zur Handaussaat.

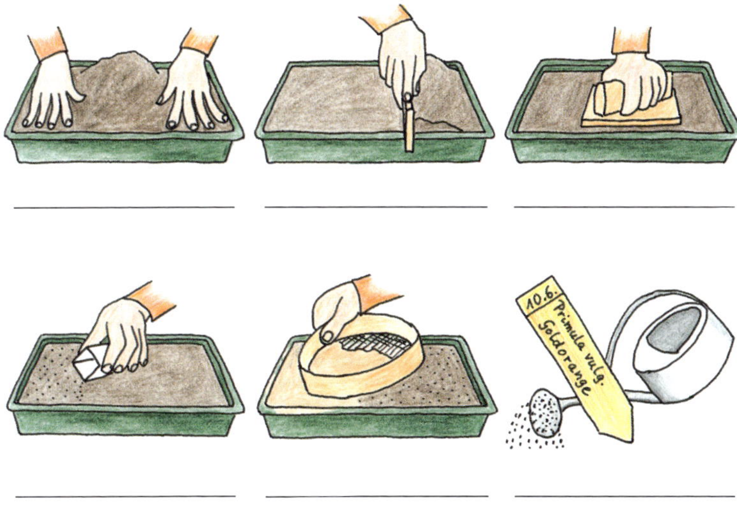

______________________ ______________________ ______________________

______________________ ______________________ ______________________

____

5 Was muss bei der Breitsaat beachtet werden?

A Dass die Reihen tief genug vorgezogen sind.
B Dass die Samen weit genug entfernt voneinander liegen.
C Dass der Samen gleichmäßig verteilt ist.

6 Warum muss eine Ansaat hauptsächlich angedrückt werden?

A Damit das Saatgut Bodenkontakt bekommt.
B Um die Düngung zu vereinfachen.
C Damit Vögel es nicht als Nahrung benutzen.

7 Was muss auf einem Etikett bei der Aussaat stehen?

A Die Aussaatmenge.
B Das Datum der Aussaat, die Pflanzenart und Sorte.
C Der Name des Gärtners, der ausgesät hat.

8 Was ist bei der Aussaat von Stiefmütterchen zu beachten?

A Dass sie nach der Aussaat gut abgedeckt werden.
B Dass sie mit einer Glasscheibe oder durchsichtigen Folie abgedeckt werden.
C Dass sie für die Keimung frostige Temperaturen benötigen.

9 Was ist bei der Aussaat von Begonien zu beachten?

A Nur mit einer Glasscheibe oder durchsichtigen Folie abdecken.
B Nach der Aussaat lichtgeschützt abdecken.
C Für genügend Kältezufuhr sorgen.

10 Um welche Art der Vermehrung handelt es sich in der folgenden Abbildung?

A Kopfsteckling
B Abmoosen
C Stammsteckling

11 Welche Bedingungen benötigen Stecklinge im Gewächshaus?

A Trocken und Windstille.
B Warm und hohe Luftfeuchtigkeit.
C Warm und trocken.

12 Wann muss ein Steckling pikiert werden?

A Wenn die Keimblätter vollständig ausgebildet sind.
B Wenn sich Seitentriebe bilden.
C Sobald die Pflanze zu sehen ist.

13 Warum veredelt man Rosen?

- **A** Die Wurzeln von gezüchteten Rosensorten sind oft zu schwach und krankheitsanfällig.
- **B** Um die Vermehrung voranzutreiben.
- **C** Um aus einer Edelrose eine Wildrose zu züchten.

14 Wozu dient das Entfernen der Triebspitzen?

- **A** Die generative Vermehrung der Pflanze wird so gefördert.
- **B** Das Längenwachstum der Pflanze wird gefördert.
- **C** Das Austreiben von Seitentrieben und damit ein kompakter Pflanzenwuchs wird gefördert.

15 Was geschieht, wenn der Standort einer Pflanze zu dunkel ist?

- **A** Es herrscht nicht genügend Licht für die Photosynthese – Kümmerwuchs.
- **B** Es hat keine Auswirkungen auf die Pflanze.
- **C** Die Pflanze wird an der Wasseraufnahme gehindert.

16 Was geschieht, wenn der Standort einer Pflanze zu trocken ist?

- **A** Es hat keinerlei Auswirkungen auf die Pflanze, irgendwann bekommt sie ja wieder Wasser.
- **B** Die Pflanze kann keine Nährstoffe über die Wurzel aufnehmen.
- **C** Die Pflanze wird von der Wurzelfäule befallen.

17 Was geschieht, wenn eine Pflanze zu viel gedüngt wurde?

- **A** Die Pflanze bekommt reichlich Nährstoffe und wächst schneller.
- **B** Die Pflanze kann den Nachbarpflanzen die Nährstoffe zur Verfügung stellen.
- **C** Es kommt zur Überdüngung und damit zur Schädigung der Pflanze.

18 Was versteht man unter dem Begriff „pikieren“?

- **A** Das Ausbringen von Düngemitteln.
- **B** Eine Methode der Bodenbearbeitung.
- **C** Das Verpflanzen von zu dicht stehenden Sämlingen.

19 Warum werden beim pikieren die Wurzeln hauptsächlich gekürzt?

A Weil sie meist viel zu lang sind.
B Um die Wurzelverzweigung anzuregen.
C Weil die Wurzel für das weitere Wachstum nicht benötigt wird.

20 Warum ist es sinnvoll, den Pikierstab mit einer leichten Drehung aus dem Substrat zu ziehen?

A Um eine „Kraterbildung" zu vermeiden.
B Um ein großes Loch zu erzielen.
C Pikierstäbe müssen immer gedreht werden.

21 Warum ist es nötig, Gewächshäuser und Frühbeete regelmäßig zu lüften?

A Um die Frischluftzufuhr für den Gärtner zu gewährleisten.
B Um die Pflanzen zum Blühen zu bringen.
C Um die Luftfeuchtigkeit und Temperatur zu regulieren.

22 Weshalb werden Pflanzen eingetopft?

A Um im Gewächshaus Platz zu sparen.
B Damit die Pflanzen richtig weiterkultiviert werden können.
C Damit die Pflanzen besser aussehen.

23 Wann werden Pflanzen umgetopft?

A Wenn die Wurzeln aus dem Topf herauswachsen.
B Wenn sich Pflanze und Topf nicht mehr vertragen.
C Wenn dem Kunden der Topf nicht gefällt.

24 Warum müssen Gewächshauspflanzen im Sommer schattiert werden?

A Damit sie nicht zu braun werden.
B Damit sie nicht zu schnell wachsen.
C Um Verbrennungen zu vermeiden und die Temperatur zu senken.

25 Wozu dient das Stützen/Anstäben bei Pflanzen?

A Um die Blüten dekorativ wachsen zu lassen.
B Um das Umfallen und Abbrechen der Pflanze zu verhindern.
C Um alle Blätter anbinden zu können.

26 **Wie erfolgt das Abhärten von Beetpflanzen vor dem Verkauf?**
- **A** Sie werden regelmäßig aus dem Gewächshaus gestellt.
- **B** Die Temperaturen werden schrittweise gesenkt und sie werden an volle Sonne gewöhnt.
- **C** Es wird reichlich gedüngt und die Temperatur erhöht.

27 **Welche gärtnerische Maßnahme begünstigt das Anwachsen von Gehölzen mit Topfballen?**
- **A** Ein sachgerechtes Andrücken und Angießen.
- **B** Eine reichliche Düngung.
- **C** Das Einpflanzen in Sand.

28 **Was gehört nicht zu den Wachstumsfaktoren?**
- **A** Licht
- **B** Herbizid
- **C** Wasser

29 **Zu hohe Temperatur (Übertemperatur) bewirkt, dass**
- **A** kleine Blüten gebildet werden.
- **B** große Blüten gebildet werden.
- **C** die Kulturzeit sich verlängert.

30 **Zu niedrige Temperaturen (Untertemperatur) bewirkt**
- **A** eine kürzere Kulturzeit.
- **B** weniger Seitentriebe.
- **C** große Blüten.

31 **Welche Elemente nimmt die Pflanze aus der Luft auf?**
- **A** Stickstoff, Helium
- **B** Kohlenstoff, Sauerstoff
- **C** Argon, Krypton

32 **Wozu dient das Entspitzen/Stutzen?**
- **A** Um große Blüten zu bilden.
- **B** Für einen buschigen Wuchs.
- **C** Damit die Pflanzen nicht so spitz wachsen.

33 **Was bedeutet „cool morning“?**
- **A** Die Absenkung der Gewächshaustemperatur am Morgen.
- **B** Die Absenkung der Gewächshaustemperatur während der Nacht.
- **C** Eine nette Art der Begrüßung unter Arbeitskollegen.

34 **Wann wird während des Pflanzenwachstums Stickstoff eingesetzt?**
- **A** Nach einer guten Wurzelbildung bei Jungpflanzen.
- **B** Zur Blütenbildung.
- **C** Zu Beginn der Winterruhe.

35 **Warum setzt man Stauchmittel ein?**
- **A** Um die Wurzelbildung zu fördern.
- **B** Um das Längenwachstum zu verringern.
- **C** Um die Blütenbildung zu fördern.

36 In welcher Jahreszeit blüht eine Langtagspflanze?

A Im Frühjahr
B Im Winter
C Im Sommer

37 Was bewirkt die Schneedecke über einem Gehölz- oder Staudenbeet?

A Die Pflanzen sind durch die isolierende Wirkung des Schnees vor Frost geschützt.
B Die Pflanzen ersticken, weil sie keine Luft bekommen.
C Durch das hohe Eigengewicht des Schnees werden die Pflanzen erdrückt.

38 Warum muss man rücken?

A Um die Pflanzen der Größe nach zu sortieren.
B Um bei der Topfpflanzenkultur dem steigenden Platzbedarf der Pflanze nachzukommen.
C Um mehr Platz für neue Pflanzen zu schaffen.

39 Welche Maßnahmen bezeichnet man als „Verfrühen“?

A Das Schaffen günstiger Wachstumsbedingungen, um ein vorzeitiges Austreiben zu erreichen.
B Die frühzeitige Versorgung der Pflanze ausschließlich mit Nährstoffen.
C Die frühzeitige Auslieferung am Morgen von Kulturpflanzen an den Kunden.

40 Was will man mit dem Abhärten von Beet- und Balkonpflanzen erreichen?

A Die Pflanzen sollen an die Konkurrenz von Wildkräutern gewöhnt werden.
B Die Pflanzen sollen an die härteren Wachstumsbedingungen im Freiland gewöhnt werden.
C Die Pflanzen sollen an die Bedingungen im Gewächshaus gewöhnt werden.

41 Pflanzen wachsen gedrungen,

A wenn sie viel Licht bekommen.
B wenn sie eng beieinander stehen.
C wenn sie relativ viel Wasser erhalten.

42 Nachteil des Pikierens ist

A der hohe Arbeitsaufwand.
B die Versorgung der Pflanzen mit frischem Substrat.
C die Stärkung der Pflanzen.

43 Wann sollte eine Pflanze umgetopft werden?

A Wenn der Topf zu schmutzig ist.
B Wenn die Pflanze noch klein genug ist.
C Wenn die Wurzeln keinen Platz zum Wachsen mehr haben.

44 Pflanzlöcher müssen so tief sein, dass

A die Wurzeln senkrecht nach unten ausgestreckt hineinpassen.
B die gesamte Pflanze darin Platz hätte.
C die Wurzeln oben noch ein wenig herausschauen, damit sie Sauerstoff bekommen.

45 Warum muss man nach der Pflanzung angießen?

A Damit die Pflanzstelle schon von weitem zu erkennen ist.
B Damit der Boden gut an die Wurzeln geschlämmt wird.
C Damit sofort Blüten gebildet werden können.

46 Wozu benötig ein Balkonkasten Abzuglöcher für Wasser?

A Damit die Pflanzen immer Wasser nach unten abgeben können.
B Damit überschüssiges Substrat ablaufen kann.
C Damit keine Staunässe entsteht.

47 Welche innerbetrieblichen Einflussfaktoren sind für die Anbauplanung wichtig?

A Finanzielle Mittel, verfügbare Arbeitskräfte
B Klima, Infrastruktur
C Verbraucherverhalten, außerbetrieblicher Transport

48 Welche außerbetrieblichen Einflussfaktoren sind für die Anbauplanung wichtig?

A Freilandflächen, Lüftung
B Preise für Produktionsmittel, Arbeitsmarkt
C Schattierung, innerbetrieblicher Transport

49 Wann spricht man von einem direkten Absatz?

A Wenn Pflanzen an den Großhandel verkauft werden.
B Wenn Pflanzen an einen anderen Gartenbaubetrieb verkauft werden.
C Wenn Pflanzen auf dem Wochenmarkt verkauft werden.

50 Welche Absatzformen gehören zum Großhandel?

A Fachgroßhandel, Großmarkt
B Straßenverkauf, Telefonverkauf
C Gärtnereiverkauf, Gartencenter

51 Welche Absatzformen gehören zum Einzelhandel?

A Abholmarkt, Gartencenter
B Blumengeschäft, Wochenmarkt
C Großmarkt, Straßenverkauf

52 **Was kann getan werden, um Kunden anzulocken?**

A Die Preise erhöhen, gute Qualität der Pflanzen liefern.
B Hinweisschilder aufstellen, Verkaufsbereich schön gestalten.
C Werbung machen, unhöflich sein.

53 **Was versteht man unter dem Begriff „Kulturfolge“**

A Die Anbaufolge gärtnerischer Kulturen auf einer bestimmten Fläche.
B Die Reihenfolge der Kulturmaßnahmen z.B. beim Anbau des Weihnachtssterns.
C Überbegriff für Folgen, die der Anbau von bestimmten Kulturen nach sich zieht.

54 **Was ist kein übliches System, um Pflanzen zu stellen?**

A Dreiecksverband
B Quadratverband
C Kreisverband

55 **Benennen Sie die Teile des Hydrokultursystems!**

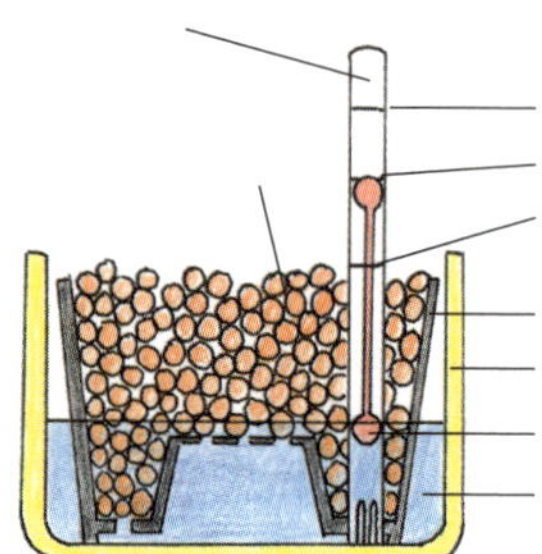

56 **Welche Aufgabe hat eine Heizung im Gewächshaus?**

A Sie soll für die jeweilige Kultur die erforderliche Temperatur erzeugen.
B Sie sorgt für die optimale Arbeitstemperatur für den Gärtner.
C Durch die Temperatur außerhalb des Gewächshauses wird keine Heizung im Gewächshaus benötigt.

57 **Was versteht man unter einer Vegetationsheizung?**

A Alle Heizungen eines Gewächshauses.
B Eine Heizung, die ausschließlich für die vegetativ vermehrten Pflanzen genutzt wird.
C Eine Heizung, die unmittelbar in Pflanzennähe installiert ist.

58 Was ist eine Rohrheizung?
- A Eine Stehwandheizung.
- B Eine Untertischheizung.
- C Eine Konvektorheizung.

59 Wie funktioniert eine Rohrheizung?
- A Erdgas fließt durch Stahlrohre, die sich erhitzen.
- B Erwärmtes Wasser fließt durch Stahlrohre, die sich erhitzen.
- C Kohle wird in den Rohren erhitzt.

60 Was gehört zur technischen Ausstattung eines Gewächshauses?
- A Heizung, Rolltische, Firstlüftung.
- B Temperatursteuerung, Beregnung, Schaufel.
- C Minibagger, Schubkarre, Grabegabel.

61 Welche Eigenschaft hat Gewächshaus-Klarglas?
- A Es ist besonders klar.
- B Es ist mit Draht durchzogen.
- C Es ist durchscheinend und genörpelt.

62 Wozu dient die Schattierungsanlage im Gewächshaus?
- A Damit man bei der Arbeit nicht von der Sonne geblendet wird.
- B Damit die Sonneneinstrahlung verringert wird und die Temperatur gesenkt werden kann.
- C Damit die Temperatur immer gleich bleiben kann.

63 Was ist ein Bauteil eines Gewächshauses?
- A Das Minimum-Maximum-Thermometer.
- B Der Binder.
- C Die Fräse.

64 Materialien für die Dächer von Gewächshäusern sollten
- A viel Licht durchlassen.
- B wenig Licht durchlassen.
- C die Sonne reflektieren.

65 In welcher Maßeinheit wird die Lichtstärke im Gewächshaus angegeben?
- A Lux
- B Gramm
- C Prozent

66 Warum muss man ein Gewächshaus lüften?

A Um den Luftaustausch und die Temperaturabsenkung zu gewährleisten.
B Um die Temperatur zu erhöhen.
C Um Insekten in das Gewächshaus zu lassen.

67 Was ist ein Vorteil der Tröpfchenbewässerung?

A Eine hohe Wasserverdunstung.
B Sie ermöglicht die Beregnung der gesamten Pflanze.
C Sie ermöglicht die gezielte Wasserversorgung der einzelnen Pflanze.

68 Was versteht man unter Anstaubewässerung?

A Es wird solange gegossen, bis sich Wasser im Pflanztopf angestaut hat.
B Das Wasser für die Bewässerung wird in Gießkannen als Vorrat angestaut.
C Die Pflanzen stehen auf Tischflächen mit tiefgezogenen Ablaufrillen, in denen das Wasser angestaut wird

69 Was ist ein Nachteil der Anstaubewässerung für ganze Tische?

A Die Düsen können verstopfen.
B Es entsteht ein hoher Wasserverbrauch.
C Die Auswaschung von Nährstoffen.

70 Um welche Transporteinrichtung handelt es sich in folgender Abbildung?

A Variowagen
B Plattformwagen
C Hubwagen

71 Benennen Sie die Teile des Gewächshauses!

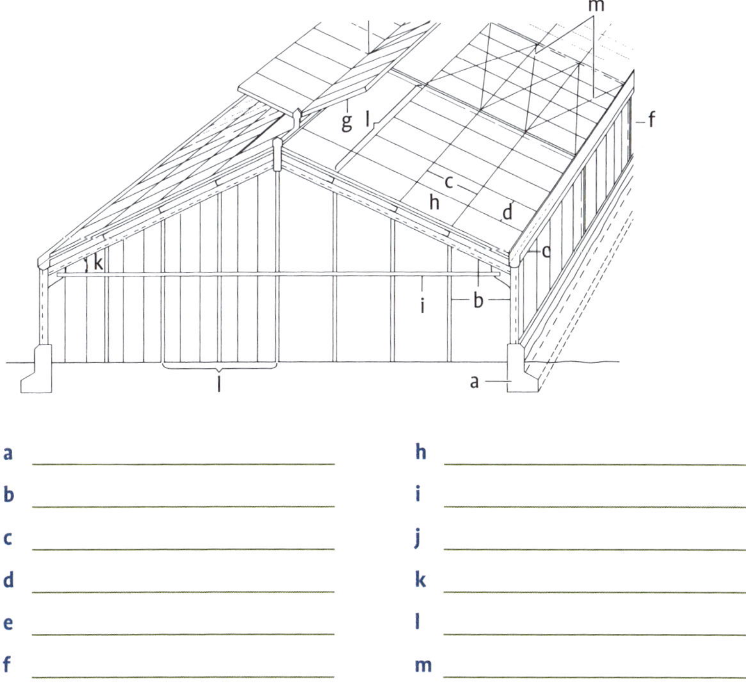

a	______________________	**h**	______________________
b	______________________	**i**	______________________
c	______________________	**j**	______________________
d	______________________	**k**	______________________
e	______________________	**l**	______________________
f	______________________	**m**	______________________
g	______________________		

72 Welche Kulturflächen gibt es nicht?

A Grundbeet, Rolltische.
B Aluminiumtische, Standtische.
C Bodenbeete, Mobiltische.

73 Was versteht man unter Hochglas?

A Glasscheiben, die sich im oberen Teil des Gewächshauses befinden.
B Frühbeetkästen.
C begehbare Gewächshäuser.

74 **Was versteht man unter Niederglas?**

A Frühbeetkästen

B begehbare Gewächshäuser.

C Glasscheiben, die sich im unteren Teil des Gewächshauses befinden.

75 **Welche Aufgabe hat das Fundament eines Gewächshauses?**

A Es soll eine gleichmäßige, ebene Gewächshausfläche schaffen.

B Alle auftretenden Lasten werden gleichmäßig auf den Baugrund verteilt.

C Das Gewächshaus soll vor Bodenlebewesen geschützt werden.

76 **Was ist eine Stehwand?**

A Die Längsunterzüge im Gewächshaus.

B Eine Auflagenkonstruktion für die Glasscheiben.

C Ein seitlicher Abschluss des Gewächshauses.

77 **Benenne die Kulturflächen!**

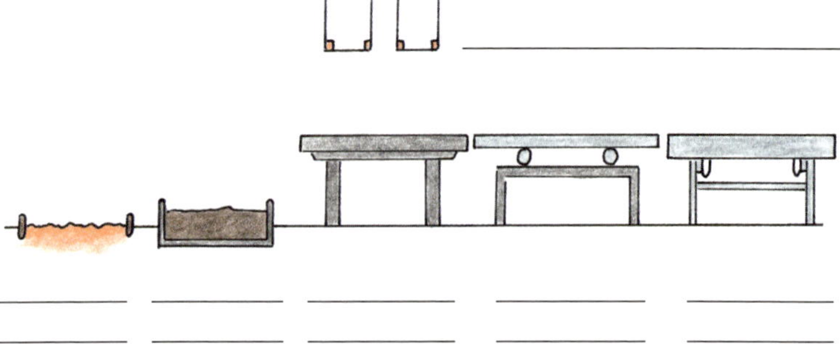

78 **Als Rolltische bezeichnet man**
- **A** bewegliche Kulturflächen ohne feststehendes Fundament.
- **B** wannenförmige Beete, die auf Pfosten stehen.
- **C** bewegliche Kulturflächen mit feststehendem Fundament.

79 **Welche Aussage über Kulturtische ist richtig?**
- **A** Kulturtische bestehen aus Beton, Stahl oder Aluminium.
- **B** Kulturtische sind immer 80 cm – 100 cm hoch.
- **C** Kulturtische dienen ausschließlich der Kultur von Schnittpflanzen.

80 **Was ist ein Grundbeet?**
- **A** Ein Beet, welches zur Grundausstattung jedes Betriebes gehört.
- **B** Der Boden ist mit Folie, Beton oder ähnlichem abgedeckt.
- **C** Ein ebenerdig angelegtes Beet, bei dem die Pflanzen Kontakt zum gewachsenen Boden haben.

81 **Was sind Bodenbeete?**
- **A** Ebenerdig angelegte Beete.
- **B** Beete auf Rolltischen, die mit Boden gefüllt sind.
- **C** Beete, bei denen die Pflanzen keinen Kontakt mehr zum gewachsenen Boden haben.

82 **Ein Container im gartenbaulichen Sinne ist**
- **A** ein Müllbehälter.
- **B** ein Topf mit mehr als zwei Liter Inhalt.
- **C** ein Topf mit weniger als zwei Liter Inhalt.

83 **Welchen Vorteil haben Tontöpfe?**
- **A** Sie haben ein geringes Gewicht.
- **B** Sie gehen schwer kaputt.
- **C** Sie sind standfest.

84 **Welchen Nachteil haben Tontöpfe?**
- **A** Sie lassen sich schlecht reinigen.
- **B** Sie sind sehr standfest.
- **C** Sie sind bruchfest.

85 **Töpfe aus organischem Material bestehen z. B. aus**
- **A** Presstopf, PVC.
- **B** Kokosfasern, Altpapier.
- **C** Styropor, Chinaschilf .

86 **In welcher Reihe stehen Grünpflanzen für den Wohnbereich?**
- **A** Grünlilie, Fensterblatt.
- **B** Dieffenbachie, Feldahorn.
- **C** Heidekraut, Kalanchoe.

87 **Welche Pflanze wird nicht über Stecklinge vermehrt?**

A *Pelargonium petale* (hängende Geranie).
B *Tagetes patula* (Studentenblume).
C *Hedera helix* (Efeu).

88 **Welche Pflanze wird über Stecklinge vermehrt?**

A *Viola × wittrockiana* (Stiefmütterchen).
B *Tagetes patula* (Studentenblume).
C *Plectranthus* (Mottenkönig).

89 **Welche Pflanzen blühen im Frühjahr?**

A *Primula vulgaris* (Primel), *Viola cornuta* (Hornveilchen).
B *Tagetes patula* (Studentenblume), *Pelargonium petale* (hängende Geranie).
C *Fuchsia cultivars* (Fuchsie), *Viola × wittrockiana* (Stiefmütterchen).

90 **Was sind Beispiele für blühende Topfpflanzen?**

A Grünlilie, Gartentulpe, Alpenveilchen.
B Weihnachtsstern, Begonie, Usambaraveilchen.
C Hortensie, Zierspargel, Gummibaum.

91 **Das Speicherorgan einer Tulpe ist**

A eine Ähre.
B eine Zwiebel.
C eine Knolle.

92 **Welche Pflanze sollte nicht in ein Beet an einem Kinderspielplatz gepflanzt werden?**

A Maiglöckchen
B Tausendschönchen
C Hornveilchen

93 **Die Möhre ist**

A Ein Blattgemüse.
B Ein Wurzelgemüse.
C Ein Knollengemüse.

94 **Welche Pflanzen sind für eine Rabattenbepflanzung geeignet?**

A Studentenblume, Yuccapalme.
B Sansevieria, Begonie.
C Feuersalbei, Leberbalsam.

95 **Wann sollten Stiefmütterchen und Vergissmeinnicht verkauft werden?**

A Im Frühsommer, ab Mitte Mai
B Im Spätherbst, ab Oktober.
C Im Frühjahr, ab März.

96 **Wann sollten Erica und Besenheide verkauft werden?**

A Im Frühsommer, ab Mitte Mai.
B Im Spätherbst, ab Oktober.
C Im Frühjahr, ab März.

97 **Wann sollten Pelargonien und Fuchsien verkauft werden?**

A Im Frühjahr, ab März.
B Im Frühsommer, ab Mitte Mai.
C Im Spätherbst, ab Oktober.

98 **Kübelpflanzen**

A sind täglich etwas zu gießen.
B sind nur von unten zu gießen.
C sind ihren Bedürfnissen entsprechend zu gießen.

99 **Für eine Bepflanzung in schattiger Lage eignet sich besonders gut**

A Besenheide
B Efeu
C Sommerflieder

100 **Welche Pflanzen eignen sich besonders gut als Beet- und Balkonpflanzen?**

A Flamingoblume, Fuchsie, Silberblatt
B Schneeheide, Orchidee, Rose
C Pelargonie, Mottenkönig, Männertreu

101 **Welche Pflanzen benötigen einen schattigen Standort?**

A Pelargonien
B Petunien
C Kakteen

102 **Welche Pflanzen sind für Beete im Frühjahr geeignet?**

A Osterglocke, Hibiskus, Usambaraveilchen
B Stiefmütterchen, Rose, Tulpe
C Hyazinthe, Primel, Veilchen

103 **Welche Pflanzen kann man über Stecklinge vermehren?**

A Pelargonien
B Stiefmütterchen
C Tausendschönchen

104 **Was sind gängige Schnittblumen?**

A Stiefmütterchen, Hornveilchen
B Efeu, Petunien
C Rosen, Gerbera

105 **Welche Pflanze benötigt einen Kurztag, um farbige Hochblätter zu bilden?**

A Weihnachtsstern
B Stiefmütterchen
C Pelargonien

106 **Welche Pflanze blüht im Frühjahr?**

A Rose
B Primel
C Chrysantheme

107 **Welche Pflanzen blühen im Herbst?**

A Tulpe, Chrysantheme
B Hornveilchen, Primel
C Aster, Heidekraut

108 Welche Pflanze eignet sich als Stämmchen?

A Hornveilchen
B Fuchsie
C Schneeglöckchen

109 Welchen Brauch gibt es zum 4.Dezember in Europa?

A Kirschzweige schneiden, damit sie zu Weihnachten blühen.
B Orchideenblüten in einen Stiefel stecken.
C Freesien abschneiden, um Silvester eine blühende Topfpflanze zu erhalten.

110 Beet- und Balkonpflanzen für schattige Plätze sind

A Männertreu, Kapkörbchen.
B Erdbeere, Fächerblume.
C Fuchsie, Fleißiges Lieschen.

111 Beet- und Balkonpflanzen für sonnige Plätze sind

A Knollenbegonie, Fuchsie.
B Bidens, Blaues Gänseblümchen.
C Efeu, Buntnessel.

112 Was versteht man unter einer einjährigen Sommerkultur ohne Vorkultur?

A Sommerblumen werden im Frühjahr im Freien ausgesät, blühen im Sommer und sterben im Herbst durch Frost ab.
B Sommerblumen, die im ersten Jahr wachsen und im zweiten Jahr blühen.
C Sommerblumen, die nicht kultiviert werden.

113 Was versteht man unter zweijährigen Sommerblumen?

A Sie werden im Frühjahr ausgesät, blühen im Sommer, sterben im Herbst ab.
B Sie werden im zeitigen Frühjahr im Kasten ausgesät und sterben im Sommer ab.
C Sie werden im Sommer im Freien ausgesät, keimen und wachsen und blühen im nächsten Frühjahr und Sommer.

114 Beispiele für einjährige Sommerblumen:

A Sonnenblume, Kornblume
B Gänseblümchen, Kapuzinerkresse
C Strohblume, Stiefmütterchen

115 Beispiele für zweijährige Sommerblumen:

A Kokardenblume, Fingerhut
B Bartnelke, Stiefmütterchen
C Vergissmeinnicht, Ringelblume

2.2 Fachwissen – Garten- und Landschaftsbau

1 Was versteht man unter dem Begriff „öffentliches Grün“?

A Einen Farbeimer mit grüner Farbe, den alle in der Öffentlichkeit nutzen können.

B Eine parkartige oder gärtnerisch gestaltete Fläche, die allen Menschen zugänglich ist.

C Eine gärtnerisch gestaltete Freifläche, die nur für Personen des öffentlichen Interesses zugänglich ist.

2 Was ist ein Beispiel für öffentliches Grün?

A Eine private Gartenanlage.

B Ein grün gestrichener Fahrradweg.

C Ein Stadtpark.

3 Was ist eine Ausschreibung?

A Ein Teil des Verfahrens zur Vergabe von Aufträgen.

B Ein Teil des Verfahrens zur Vergabe von Stimmen.

C Ein Artikel in der Zeitung, der ausgeschrieben wurde.

4 Was ist eine öffentliche Ausschreibung?

A Eine Ausschreibung, die der Öffentlichkeit verheimlicht wird.

B Eine Ausschreibung, bei der sich jeder bewerben darf.

C Eine Ausschreibung, bei der sich nur Personen des öffentlichen Dienstes bewerben dürfen

5 Was gehört zu den Ausschreibungsunterlagen für ein Bauprojekt?

A Baubeschreibung und Dauer der Bauarbeiten

B Leistungsverzeichnis mit den Lebensläufen der Bauarbeiter

C Baubeschreibung mit Leistungsverzeichnis

6 Welches ist die richtige Reihenfolge eines Ausschreibungsverfahrens?

A Auftragserteilung, Kalkulation und Angebotserstellung, Ausschreibung, Angebotsprüfung.

B Ausschreibung, Kalkulation und Angebotserstellung, Angebotsprüfung, Auftragserteilung.

C Ausschreibung, Angebotsprüfung, Kalkulation und Angebotserstellung, Auftragserteilung.

7 Was ist ein Leistungsverzeichnis?

A Eine Übersicht über alle Leistungen, die vom Auftragnehmer erbracht werden können.

B Eine Übersicht über alle Leistungen, die der Aufraggeber erbringen muss.

C Eine Aufstellung der Leistungen, die der Auftragnehmer für den Auftraggeber erbringen soll.

8 Was ist ein Aufmaß?

A Die Ermittlung von Mengen und Flächengrößen bei der Angebotserarbeitung.

B Flächen, die dem normalen Maß aufgeschlagen werden.

C Eine Maßeinheit.

9 Was gehört zu einer Baustelleneinrichtung?

A Die Einrichtung einer Verpflegungsstelle.

B Alle Gegenstände, die für den laufenden Betrieb einer Baustelle erforderlich sind.

C Alle Arten von Technik, auch bei Nichtbenutzung.

10 Wozu dient eine Baustellenbegehung?

A Um zu sehen, ob die gepflasterten Flächen schon begehbar sind.

B Um die Arbeiter auf einer Baustelle pausieren zu lassen.

C Zur Klärung des aktuellen Standes der Baustelle.

11 Was ist eine Abnahme?

A Die Prüfung der Bauleistung oder eines Teilabschnittes und ihre Billigung.

B Eine Gewichtsabnahme der Baustellenarbeiter.

C Wenn dem Zulieferbetrieb die Materialien abgenommen werden.

12 Wer regelt in Deutschland die Verfahrensweise für die Ausschreibung von Bauleistungen?

A Die Bauleistungsvergabeordnung

B Die Vergabe- und Vertragsordnung für Baustellen (VOB)

C Die Vertragsordnung für Garten- und Landschaftsbauliche Arbeiten

13 Ein rechter Winkel hat wie viel Grad?

A 360 °

B 45 °

C 90 °

14 Was kann man für den Unterbau eines Plattenweges verwenden?

A Torf

B gesiebten Sand

C Betonrecycling

15 Pflasterflächen werden eingeschlämmt mit

A Sand

B Muttererde

C Splitt

16 **Woraus besteht eine Trockenmauer?**

A Aus mörtellos aufgesetzten Steinen
B Aus betoniertem Bruchstein
C Aus extra getrockneten Kieseln

17 **Wann entsteht eine Kreuzfuge?**

A Wenn drei Platten aneinander stoßen.
B Wenn zwei Platten 45 ° versetzt werden.
C Wenn zwei Platten zur Hälfte versetzt werden.

18 **Beschriften Sie den Aufbau einer Verkehrsfläche!**

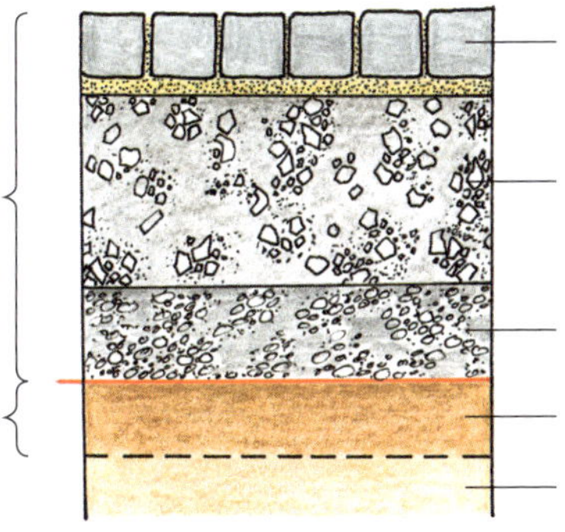

19 Was versteht man unter Tragfähigkeit?

A Wenn sich der Boden infolge Verkehrsbelastung nicht verformt.

B Wenn sich der Boden infolge von Pflanzenbelastung nicht verformt.

C Wenn der Boden infolge von Erosionen nicht abgetragen wird.

20 Was ist ein Planum?

A Ein Plan, in welcher Reihenfolge eine Baustelle angelegt wird.

B Die glatt planierte und verdichtete Oberfläche des Baugrundes.

C Eine Schicht der Verkehrsfläche.

21 Aus welchen Teilen besteht der Oberbau?

A Tragschicht, Frostschutzschicht

B Deckschicht, Planum

C Tragschicht, Ausgleichsschicht, Deckschicht

22 Welche Aufgabe hat die Tragschicht?

A Sie trägt und verteilt die Verkehrslast.

B Sie trägt das Sickerwasser.

C Sie hält die Frostschutzschicht fest.

23 Die Deckschicht muss

A den Boden fest abdecken.

B direkte Belastungen und Verwitterung aushalten.

C die darunter liegenden Schichten vor Frost schützen.

24 Welche Grundformen der Bordsteine sind richtig?

A Tiefbordstein, Trapezbordstein, Kreiselbordstein

B Hochbordstein, Gerätebordstein, Lüftungsbordstein

C Rundbordstein, Flachbordstein, Hochbordstein

25 Was ist eine Bordsteinrinne?

A Eine Kombination von Hochbordstein und Fließrinne.

B Eine Kombination von Tiefbordstein und Fließrinne.

C Eine Pflasterungsart von Feldwegen.

26 Was kennzeichnet einen Hochbordstein?

A Er soll bewirken, dass Rollstuhlfahrer besser darüber fahren können.

B Er ist höhengleich mit der Verkehrsfläche.

C Er steht deutlich höher.

27 **Was ist ein Tiefbordstein?**

A Ein Stein, der deutlich hervorsteht.
B Ein Stein, der auf gleicher Höhe mit der Verkehrsfläche ist.
C Eine niedrige Treppenstufe.

28 **Was sind Klinker?**

A Aus Ton hergestellte, hart gebrannte Ziegelsteine.
B Aus Beton hergestellte Ziegelsteine.
C Eine Art Gehwegplatte.

29 **Wie können Pflasterklinker verlegt werden?**

A Kreuz und quer
B Hochkant oder flach
C Quer und flach

30 **Was ist der Vorteil einer ungebundenen Bauweise?**

A Pflasterklinkersteine können sich nicht bewegen.
B Die Last von Verkehrsflächen verteilt sich besser.
C Zerbrochene Steine können bei Bedarf ausgetauscht werden.

31 **Welchen Nachteil hat eine ungebundene Bauweise?**

A Ameisen und Erdwespen arbeiten den Sand aus den Fugen heraus.
B Zerbrochene Steine können bei Bedarf ausgetauscht werden.
C Das Oberflächenwasser kann nicht ablaufen.

32 **Was ist beim Abrütteln zu beachten?**

A Man sollte vorher Fugenmaterial ausbringen.
B Man sollte am äußeren Rand mit der Arbeit beginnen.
C Man sollte Flächenrüttler mit Gummischutz oder Neopren-Schutzplatte verwenden.

33 **Wo wird Betonsteinpflaster eingesetzt?**

A Im Autobahnbau.
B Bei der Bepflasterung von Fußgängerzonen.
C Bei der Bepflasterung von Feldwegen.

34 **Welche Pflasterverbände gibt es?**

A Reihenverband, Kugelverband
B Blockverband, Fischgrätverband
C Kegelverband, Diagonalverband

35 **Welche Anforderungen werden an Boden als Baugrund gestellt?**

A Hohe Tragfähigkeit, Formstabilität

B Viele Luftporen, gute Wasserhaltefähigkeit

C Wenig Frostresistenz, geringe Verdichtbarkeit

36 **Was ist Erdbau im Garten- und Landschaftsbau?**

A Eine Tierbehausung, die eine Baustelle behindern könnte.

B Die Herstellung von Dämmen, Wallen, Böschungen.

C Ein Wohnhaus, welches vorrangig aus Erdmaterialien besteht.

37 **Wozu dient die Bodenverdichtung?**

A Zur Vergrößerung der Wasserdurchlässigkeit.

B Zur Verbesserung der Verformungseigenschaften des Bodens.

C Zur Erhöhung der Tragfähigkeit.

38 **Was sind Verkehrsflächen für den Garten- und Landschaftsbau?**

A Fußwege im Garten, Terrassen am Haus

B Autobahn, Bundesstraße

C Flure und Dielen im Erdgeschoss von Gebäuden

39 **Welche Funktion haben die Fugen?**

A Platz für Mikroorganismen zu schaffen.

B Sie verhindern die Übertragung der Last auf die Tragschicht.

C Sie sind eine elastische Abstützung von Stein zu Stein.

40 **Was ist ein Rasenpflaster?**

A Eine gepflasterte Verkehrsfläche mit 3 – 5 cm breiten Fugen, die mit rasentauglichem Füllstoff geschlossen werden.

B Pflaster, welches aus Rasen hergestellt wird.

C Pflaster, welches für Rasen am besten geeignet ist.

41 **Was ist eine wassergebundene Decke?**

A Eine Decke, die viel Wasser über kurze Zeit halten kann.

B Eine Deckschicht ohne Bindemittel.

C Eine Deckschicht mit Bindemittel.

42 **Was ist Entwässerung?**

A Rasenflächen wasserfrei zu gestalten.

B Die Anhebung des Grundwasserspiegels.

C Die Abführung von Oberflächen- oder Bodenwasser.

43 **Was können Entwässerungsanlagen sein?**
- **A** Gräben, Rinnen, Rohrleitungen
- **B** Abläufe, Drainagen, Spülungen
- **C** Versickerungsanlagen, Fallrohre, Rinnen

44 **Was ist eine Drainage?**
- **A** Eine Maßnahme zum Ableiten von Mikroorganismen.
- **B** Eine Frostschutzschicht.
- **C** Maßnahmen zur Entwässerung des Untergrundes.

45 **Was sind Treppen?**
- **A** Stufenförmige Bauwerke zur Überwindung von Höhenunterschieden.
- **B** Eine gepflasterte Schräge zur Überwindung von Höhenunterschieden.
- **C** Eine terrassenähnliche Anlage zur Überwindung von Höhenunterschieden.

46 **Wofür steht die Bezeichnung „Auftritt“?**
- **A** Für den Handlauf einer Stufentreppe.
- **B** Für den senkrechten Stufenteil einer Treppe.
- **C** Für den waagerechten Teil einer Stufentreppe.

47 **Was ist ein Stufengefälle?**
- **A** Die linke Seite der Stufe ist ca. 1 cm höher als die rechte Seite der Stufe.
- **B** Die Hinterkante der Stufe ist ca. 1 cm höher als die Vorderkante der Stufe.
- **C** Das Gefälle der gesamten Treppe.

48 **Die Schrittformel lautet**
- **A** Schrittmaß = zwei × Stufenhöhe + Auftritt
- **B** Schrittmaß = ein × Stufenhöhe + Auftritt
- **C** Schrittmaß = Stufenhöhe + zwei × Auftritt

49 **Was ist eine Mauer?**
- **A** Ein lang gestreckter, mehrschichtiger Baukörper aus Bausteinen, die übereinander verbaut sind.
- **B** Ein einschichtiger Baukörper mit fest verbundenen Bausteinen.
- **C** Ein mehrschichtiger Baukörper aus Humus, Sand und Kies.

50 **Welche Aufgabe haben Mauern?**
- **A** Sie dienen dem Schutz vor Luftverschmutzung.
- **B** Sie dienen dem Lärm- und Sichtschutz.
- **C** Sie dienen der Wasserableitung.

51 Wozu dient eine Stützmauer?
- **A** Zum Abstützen einer Treppe.
- **B** Zum Abstützen von Kletterpflanzen.
- **C** Zum Abfangen des Erdreiches an Hanglagen.

52 Welche Arten von Fundamenten gibt es?
- **A** Streifenfundament, Punktfundament
- **B** Kreuzfundament, Kreiselfundament
- **C** Kegelfundament, Punktfundament

53 Was sind Verblender?
- **A** Klinker, welche die Sonne abhalten.
- **B** Betonsteine, die Bodenlebewesen durch ihre Oberflächenstruktur abhalten.
- **C** Ziegel, die sich zum Verkleiden von Wandflächen eignen.

54 Welchen Vorteil hat eine Trockenmauer?
- **A** Sie trocknet schnell ab.
- **B** Erst ab 1m Höhe wird ein Fundament benötigt.
- **C** Die Verbauung von leichten Steinen ist möglich.

55 Auf was sollte man achten, wenn man einen Teich anlegt?
- **A** Dass der Teich immer in der vollen Sonne liegt.
- **B** Dass der Teich möglichst nicht direkt unter Bäumen liegt.
- **C** Dass der Teich am höchsten Punkt des Geländes angelegt wird, damit das Wasser ablaufen kann.

56 Welche Aussage zur Lagerung von Ober- und Unterboden ist richtig?
- **A** Ober- und Unterboden können gemeinsam gelagert werden.
- **B** Ober- und Unterboden werden getrennt gelagert.
- **C** Unterboden ist nicht lagerfähig.

57 Wie wird Oberboden gelagert?
- **A** In Haufen
- **B** In Silos
- **C** In Mieten

58 Je mehr Belastung später auf den Baugrund drückt
- **A** desto weniger muss verdichtet werden.
- **B** desto stärker muss verdichtet werden.
- **C** umso weniger muss verdichtet werden.

59 Was muss bei der Bodenmodellierung beachtet werden?

- **A** Böschungen dürfen nicht zu steil sein.
- **B** Boden sollte möglichst wenig bewegt werden, um Setzungen zu vermeiden.
- **C** Das bei Bodenbewegungen das Volumen um 15 – 20 % abnimmt.

60 Ab welcher Höhe wird bei Trockenmauern ein Fundament benötigt?

- **A** Ab 50 cm Mauerhöhe
- **B** Ab 1,00 m Mauerhöhe
- **C** Ab 2,00 m Mauerhöhe

61 Welches Gefälle müssen Wege und Plätze haben, damit das Wasser abfließen kann?

- **A** 0,1 – 0,5 %
- **B** 4 – 5 %
- **C** 2 – 3 %

62 Welche Arten von Stufen gibt es?

- **A** Blockstufen, Legstufen, Stellstufen
- **B** Kantenstufen, Hochstufen
- **C** Quadratstufen, Kreisstufen

63 Wie bezeichnet man das dargestellte Pflastermaterial?

- **A** Rechteckpflasterstein
- **B** Rasengitterstein
- **C** Verbundpflasterstein

64 Was ist keine versiegelte Fläche?

- **A** Eine Straße
- **B** Schulhöfe mit Betonpflaster
- **C** Ein Grundbeet

65 Wie bezeichnet man folgenden Pflasterverband?

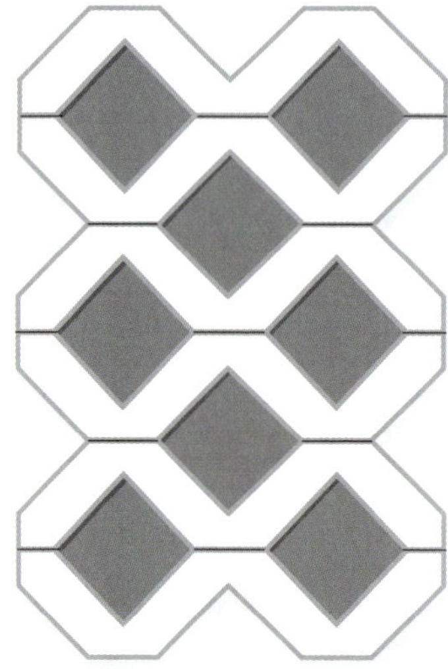

- **A** Schachbrettverband
- **B** Fischgrätverband
- **C** Polygonverband

66 Was benötigt man an Arbeitsmitteln und Materialien, wenn man einenen Baum pflanzen möchte?

- **A** Spaten, Baumpfahl, Wasser
- **B** Rindenmulch, Heckenschere, Kompost
- **C** Baumbindematerial, Messer, Tontopf

67 Welche Geräte werden bei der Längenmessung eingesetzt?

- **A** Schnurlot, Nählot, Bandmaß
- **B** Messrad, Zollstock, Zählnadel
- **C** Richtscheit, Wasserwaage, Briefwaage

68 Fluchten bedeutet

- **A** sich bei Gefahr sofort von der Baustelle zu entfernen.
- **B** bei Unstimmigkeiten auf der Baustelle seine Meinung laut zu äußern.
- **C** eine gerade Linie zu finden.

69 Wozu dient eine Setzlatte?

- **A** Damit können Höhenunterschiede bei geringen Entfernungen gemessen werden.
- **B** Sie ist ein Sitzmöbel.
- **C** Man findet damit gerade Linien in der Horizontalen.

70 Was ist ein Nivelliergerät?

- **A** Ein Gerät, mit dem ein Bogenschlag durchgeführt werden kann.
- **B** Ein Gerät, mit dem Höhenunterschiede bei größeren Entfernungen gemessen werden können.
- **C** Ein Gerät, mit dem man eine gerade Linie finden kann.

71 Was sind Beispiele für Schüttgüter?

- **A** Splitt, Rechteckpflaster, Grassamen
- **B** Beton, Wasser, Kies
- **C** Sand, Kies, Splitt, Schotter

72 Was ist Beton?

- **A** Ein künstliches Gestein
- **B** Eine Plastikart
- **C** Eine Gehwegplattenart

73 Woraus besteht Beton?

A Wasser, Zement, Blähton
B Zement, Wasser, Zuschlagstoffe
C Erde, Wasser, Split

74 Granit ist

A ein Weichgestein.
B ein Mittelgestein.
C ein Hartgestein.

75 Kalkstein ist

A ein Weichgestein.
B ein Mittelgestein.
C ein Hartgestein.

76 Der Unterschied zwischen Hart- und Weichgestein besteht darin,

A dass das eine ein Naturgestein und das andere ein Industriegestein ist.
B dass sich die Materialien leicht oder schwer bearbeiten lassen.
C es gibt gar keinen Unterschied.

77 Wie kann man auf einer Baustelle längere gerade Strecken bestimmen?

A Mit einem Schnurlot
B Mit einem Bandmaß
C Mit einer Fluchtstange

78 Welcher Mähertyp ist am besten geeignet für eine intensiv gepflegte Rasenfläche?

A Balkenmäher
B Kreiselmäher
C Spindelmäher

79 Welcher Mähertyp eignet sich besonders gut für Sportplätze?

A Balkenmäher
B Kreiselmäher
C Spindelmäher

80 Mit was kann ein Gefälle genau bestimmt werden?

A Mit einem Nivelliergerät
B Mit Schnur und Meterstab
C Mit Messplatte, Meterstab und Wasserwaage

81 Womit können Gartenteiche abgedichtet werden?

A Splitt
B Folie und Vlies
C Sand

82 Wozu dient eine Wasserwaage?

A Zum Überprüfen des Gewichtes der Pflastersteine.
B Zum Überprüfen des Grundwasserstandes.
C Zum Überprüfen einer Waagerechten.

83 Wozu dient ein Bogenschlag (Schnurschlag)?

A Um Stauden in korrektem Bogen anpflanzen zu können.
B Es ist eine Art der Hammerführung beim Pflastern.
C Es ist ein Messverfahren, um einen rechten Winkel abzustecken.

84 Was ist ein Vorteil einer elektrisch betriebenen Heckenschere?

A Sie besitzt viel Kabel und damit eine hohe Reichweite.
B Es ist kein Nachtanken erforderlich.
C Es entstehen niedrige Stromkosten.

85 Was ist ein Vorteil einer Heckenschere mit Zweitakt-Benzinmotor?

A Die geringe Reichweite.
B Es besteht keine Gefahr des Durchtrennens des elektrischen Kabels.
C Es entstehen niedrige Benzinkosten.

86 Woraus besteht Mörtel?

A Kies, Wasser, Splitt
B Sand, Bindemittel, Wasser
C Kalk, Gips, Zement

87 Was sind Natursteine?

A Steine, die in der Natur vorkommen und aus Mineralien bestehen.
B Betonsteine, die so bearbeitet sind, dass sie natürlich aussehen.
C Klinker, die in der Natur verbaut werden.

88 Was sind Palisaden?

A Natürliche Wände für Gartenhäuser.
B Betonelemente für den Carportbau.
C Elemente aus verschiedenen Materialien, die als Einfassung dienen.

89 Wozu dienen Palisaden?

A Zum Sicht- und Windschutz.
B Zur Verhinderung eines Schädlingsbefalles.
C Zum Pflastern von Garageneinfahrten.

90 Wozu benötigt man eine Schalung?

A Um Beete abzugrenzen.
B Um Beton in die gewünschte Form zu bringen.
C Um Kompost nährstoffreicher zu machen.

91 Was ist Holz?

A Ein Betonbauelement
B Eine Palisadenart
C Ein natürlich gewachsener Stoff

92 **Wo wird Holz im Gartenbau eingesetzt?**

- **A** Für Zäune, Bänke und Holzpflaster
- **B** Für Gartenteiche und Spielgeräte
- **C** Als Sichtschutzwände und Bewässerungsanlagen

93 **Geben Sie die Bezeichnungen der Verdichtungsgeräte an!**

A ______________________________

B ______________________________

C ______________________________

D ______________________________

94 **Welche Maschinen gehören zu den Erdbaumaschinen?**

- **A** Hydraulikbagger, Mobilbagger, Planierraupe
- **B** Laderaupe, Fräse, Freischneider
- **C** Baggerlader, Rasenmäher, Minibagger

95 **Was ist ein Beispiel für ein Verdichtungsgerät, das im Garten- und Landschaftsbau zur Bodenverdichtung z.B. einer Pflasterfläche eingesetzt wird?**

- **A** Radlader
- **B** Rüttelplatte
- **C** Bodenfräse

96 **Benenne die folgenden Erdbaumaschinen!**

A ______________________________

B ______________________________

C ______________________________

97 **Wann sollte Rasen ausgesät werden?**

A Im Spätherbst ab Mitte Oktober.

B Man kann Rasen das ganze Jahr über aussäen.

C Von Mai bis September.

98 **Warum müssen Sie bei der Baumpflanzung eine Gießmulde formen?**

A Damit man genau weiß, wie viel Liter Wasser man zugeben muss.

B Zur Wasserversorgung des Baumes, damit das Wasser nicht wegfließen kann.

C Um den Baum von anderen Pflanzen abzutrennen.

99 **Was ist eine Gießmulde?**

A Eine tiefgeformte Fläche im Rasen zur Wasserverteilung.

B Eine Art Kranz, der aus dem Boden um den Baum geformt wird.

C Ein Gerät zur Wasserversorgung.

100 **Wie lange benötigt eine Raseneinsaat zum keimen?**

A Zwei bis drei Wochen

B Vier Tage

C Zwölf Wochen

101 **Wie groß sollte das Pflanzloch für einen Baum sein?**
- **A** 3 bis 5 mal so groß wie der Wurzelballen
- **B** Genau so groß wie der Wurzelballen
- **C** 1,5 bis 2-mal so groß wie der Wurzelballen

102 **Was ist Rasen?**
- **A** Sehr schnelle Insekten.
- **B** Eine Pflanzengemeinschaft, die ohne Pflege auskommt.
- **C** Eine durch Wurzeln, Ausläufer und Rhizome fest verwachsene Pflanzendecke, die regelmäßig gemäht wird.

103 **Welche Rasentypen gibt es?**
- **A** Landschaftsrasen, Standortrasen
- **B** Zierrasen, Gebrauchsrasen
- **C** Zwergrasen, Strapazierrasen

104 **Was bedeutet die Abkürzung RSM?**
- **A** Regelschädlingsmittel
- **B** Regelsaatgutmischung
- **C** Rasenschutzmaßnahme

105 **Was ist bei der Saatgutausbringung von Rasen zu beachten?**
- **A** Dass Rasensaatgut sich nur für die Maschinenaussaat eignet.
- **B** Dass möglichst viel Saatgut verwendet wird, falls etwas nicht keimt.
- **C** Dass das Saatgut gleichmäßig verteilt wird.

106 **Wann sollte der erste Rasenschnitt erfolgen?**
- **A** Wenn die Gräser 6 – 10 cm hoch sind.
- **B** Sofort nach dem Auflaufen.
- **C** Wenn die Gräser beginnen, sich zu biegen.

107 **Was ist Fertigrasen?**
- **A** Rasen, der fertig gewachsen und gepflegt ist.
- **B** Eine vorkultivierte Rasenfläche, die abgeschält wird.
- **C** Eine Art künstlicher Rasenteppich.

108 **Welche Ursachen gibt es für Moos im Rasen?**
- **A** Schatten und totale Trockenheit
- **B** Hoher Nährstoffgehalt , der gut für Moos ist
- **C** Nährstoffmangel, Schatten, Bodenverdichtung und Staunässe

109 **Was versteht man unter vertikutieren?**
- **A** Das Anritzen der Grasnarbe.
- **B** Die vertikale Verbreitung von Pflanzenschutzmitteln.
- **C** Eine Verbindung von vertikalen und horizontalen Bodenschichten.

110 **Welche Funktion haben Gehölze?**

- **A** Sie vertreiben alle lebenden Organismen.
- **B** Sie dienen der Raumbildung und Gliederung des Gartens.
- **C** Sie dienen den Beet- und Balkonpflanzen als Sichtschutz.

111 **Welchem Zweck dienen Hecken?**

- **A** Als natürliches Hindernis für das Sporttraining.
- **B** Sie gleichen Temperaturschwankungen im Frühjahr und Herbst aus, Abgrenzung.
- **C** Sie vertreiben Schadinsekten vom Kulturbestand.

112 **Was ist eine Hecke?**

- **A** Eine linienförmige, ein- oder mehrreihige Anpflanzung
- **B** Eine generative Vermehrungsart
- **C** Einzeln stehende, stark verzweigte Sträucher

113 **Wann ist der günstigste Schnittzeitpunkt für Gehölze?**

- **A** Von April – September
- **B** Gehölze sollten nicht geschnitten werden
- **C** In der Zeit vor Vegetationsbeginn und im Spätwinter

114 **Wie schneidet man Beetrosen?**

- **A** Kürzen auf drei – fünf Augen je Trieb
- **B** Kürzen auf ein – zwei Augen je Trieb
- **C** Nur die Triebspitzen abschneiden

115 **Was ist die Voraussetzung für eine erfolgreiche Staudenpflanzung?**

- **A** Stauden wachsen an allen Standorten gleich gut.
- **B** Kenntnisse über Standortverhältnisse und Standortansprüche der Pflanzen.
- **C** Konkurrenzschwache sollten neben konkurrenzstarken Stauden gepflanzt werden.

116 **Welche Pflanzzeiten sind für Containerstauden geeignet?**

- **A** Nach der Blüte
- **B** Im Frühjahr
- **C** Ganzjährig bei frostfreiem Boden

117 **Was sind Kletterpflanzen?**

- **A** Im Boden verwurzelte Pflanzen, die an anderen Gewächsen oder Stützen emporwachsen.
- **B** Pflanzen, die speziell für Klettergerüste gezüchtet wurden.
- **C** Pflanzen, die den Boden entlang wachsen.

118 **Welche Gruppen unterscheidet man bei Kletterpflanzen?**

A Rankkletterer, Windkletterer
B Gerüstkletterer, Selbstklimmer
C Gegenklimmer, Spreizklimmer

119 **Wozu dient der Einschlag von Gehölzen?**

A Dem Entfernen der Pflanzen aus dem Bestand.
B Der vorübergehenden Lagerung auf der Baustelle.
C Dem Schutz der Gehölze in Parkanlagen vor Wildverbiss.

120 **Wovon werden Pflanzabstände beeinflusst?**

A Von der Länge des Bandmaßes
B Vom Wassergehalt der Pflanzen
C Vom Zweck der Pflanzung

121 **Wo werden Senkrechtpfähle verwendet?**

A Zur Absicherung von jungen Hochstämmen.
B Zur Absicherung von schräg gewachsenen Sträuchern.
C Zur Absicherung von älteren Bäumen.

122 **Welche Bindematerialien kommen für Verankerungen in Frage?**

A Balladur, einfache Wäscheleine
B Haushaltsgummi, Vlies
C Naturfaserstricke, z.B. Kokosstrick, Kokoskordel

123 **Was ist bei der Aussaat von Rasen zu beachten?**

A Das Saatgut sollte nicht durchmischt werden, weil nur die großen Samenkörner ein gleichmäßiges Auflaufen garantieren.
B Möglichst nicht bei Wind aussäen.
C Saatgut 5 – 10 cm mit der Igelwalze oder dem Rechen einarbeiten.

124 **Welches sind Lieferformen von Pflanzen?**

A Topfpflanze, wurzellose Pflanze, Kistenpflanze
B Palettenpflanze, Vasenpflanze, Geschenkpflanze
C Wurzelnackte Pflanzen, Ballenpflanzen, Containerpflanzen

125 Was ist bei jedem Gehölzschnitt wichtig?

A Kranke, tote, gebrochene und beschädigte Äste zu entfernen.

B Es kann bei allen Witterungsbedingungen geschnitten werden.

C Zu dicht stehende Äste für einen kompakten Wuchs sollten nicht entfernt werden.

126 Der Winterschnitt bei Gehölzen

A beeinflusst das Wachstum nicht.

B fördert das Wachstum.

C bremst das Wachstum und ist besser verträglich.

127 Der Sommerschnitt bei Gehölzen

A bremst das Wachstum und ist besser verträglich.

B beeinflusst das Wachstum nicht.

C fördert das Wachstum.

128 Hecken müssen

A oben breiter sein als unten.

B überall gleichbreit sein.

C unten breiter sein als oben.

129 Wie oft werden laubabwerfende Hecken geschnitten?

A Zweimal im Jahr – im Winter und im Sommer

B Einmal im Jahr – vor dem Winter

C Viermal im Jahr – im Frühjahr, Sommer, Herbst und Winter

130 Immergrüne Gehölze können

A das gesamte Jahr über geschnitten werden.

B nur im Winter geschnitten werden.

C den ganzen Sommer über geschnitten werden.

131 Wann schneiden wir abgeblühte Stauden ab?

A Wenn die Pflanze nicht aussamen soll.

B Wenn die Pflanze kein zweites Mal blühen soll.

C Wenn die VOB es verbietet.

132 Giftige Pflanzen dürfen nicht gesetzt werden

A an Stellen, an denen Autos fahren.

B an Stellen , an denen Kinder spielen.

C an Stellen, an denen Schädlinge zu erwarten sind.

133 Bäume bilden

A einen Ast und ein Diadem.

B eine Krone und Büschelwurzeln.

C einen Stamm und eine Krone.

134 Kleine Bäume werden

A bis zu 12 m hoch.

B bis zu 20 m hoch.

C bis zu 3 m hoch.

135 Koniferen haben

A lanzettliche Blätter.
B nadel- oder schuppenförmige Blätter.
C keine Blätter, sondern Nadeln.

136 Bodendecker sind

A Pflanzen, die niedrig bleiben, wenig Pflege brauchen und eine Fläche schnell überwachsen.
B eine Decke, die aus Pflanzen besteht.
C Bodenbearbeitungsgeräte.

137 Stauden

A blühen immer.
B blühen nur im Winter.
C blühen meistens nur einmal im Jahr.

138 Welches sind nur Zwiebel- und Knollenpflanzen?

A Wildtulpe, Krokus, Lilie
B Osterglocke, Fetthenne, Chinaschilf
C Funkie, Blaustern, Traubenhyazinthe

139 Welche Wuchsform von Bäumen ist nachfolgend dargestellt?

A Pyramidenform
B Säulenform
C Trauerform

140 Welche Reihenfolge bei der Pflanzung eines Baumes ist richtig?

A Pflanzloch ausheben, Baumpfahl setzen, Bodenverbesserung, Pflanzschnitt, Einsetzen des Baumes, anbinden, wässern.
B Pflanzloch ausheben, Pflanzschnitt, Einsetzen des Baumes, Baumpfahl setzen, Bodenverbesserung, anbinden, wässern.
C Bodenverbesserung, Einsetzen des Baumes, Pflanzloch ausheben, wässern, anbinden, Pflanzschnitt, Baumpfahl setzen.

141 **Wann verwendet man einen Schrägpfahl?**

A Bei kleinen Bäumen ohne Ballen

B Bei großen Bäumen ohne Ballen

C Bei Ballenpflanzen

142 **Welche Art von Gehölzschnitt gibt es nicht?**

A Pflanzschnitt

B Maßnahmeschnitt

C Erhaltungsschnitt

143 **Welche Pflanzen blühen im Winter?**

A Zaubernuss (*Hamamelis*), Rosen (*Rosa*).

B Flieder (*Syringa*), Winterheide (*Erica*).

C Winterheide (*Erica*), Zaubernuss (*Hamamelis*).

144 **Gräser**

A gehören zu den zweikeimblättrigen Pflanzen.

B gehören zu den ein- und zweikeimblättrigen.

C gehören zu den einkeimblättrigen Pflanzen.

145 **Welche Pflanze ist geeignet für die Begrünung einer Mauer?**

A Efeu

B Hortensie

C Buchsbaum

146 **Welche Gehölze kann man als Heckenpflanzen verwenden?**

A Blaufichte, Kiefer

B Scheinzypresse, Lebensbaum

C Scheinhasel, Feuerahorn

147 **Welche Eigenschaft hat das Holz der Fichte?**

A Es ist hart, harzreich, braucht keine Imprägnierung.

B Es ist leicht, besitzt wenig Harz, muss imprägniert werden.

C Es ist leicht, verrottet schnell, braucht keine Imprägnierung.

2.3 Fachwissen Friedhofsgärtner

1 Welche Tätigkeit wird von einem Friedhofsgärtner nicht ausgeführt?

A Anlage und Gestaltung einer Grabfläche
B Abdeckung des Grabes mit Wintergrün
C Herstellung des Grabsteines

2 Welche Funktion haben Friedhöfe?

A Die würdige und pietätvolle Bestattung zu gewährleisten.
B Es ist ein Versammlungsort für Friedhofgärtner.
C Es ist ein Ausstellungsort für Grabsteine.

3 Wodurch wird das Erscheinungsbild eines Friedhofes nicht bestimmt?

A Von den Witterungsbedingungen
B Von der Art und Pflege der Grabbepflanzung
C Von der Einordnung in die äußere Umgebung

4 Welche Friedhofsart gibt es nicht?

A Waldfriedhof
B Teichfriedhof
C Kriegerfriedhof

5 Welche Rechtsstellung hat der Friedhof in Deutschland?

A In Deutschland besteht nur Friedhofszwang.
B In Deutschland besteht Bestattungs- und Friedhofszwang.
C In Deutschland besteht weder Bestattungs- noch Friedhofszwang.

6 Was regelt die Friedhofssatzung?

A Die Länge der Hauptwege auf dem Friedhof
B Den Einsatz von Düngemitteln
C Die Errichtung von Grabmahlen

7 Was ist eine Bestattung?

A Eine längerfristige Bewahrung des toten Körpers oder der Asche.
B Eine Möglichkeit der Bepflanzung einer Grabstätte.
C Die Dauerpflege für ein Kolumbarium.

8 Was ist keine Bestattungsart in Deutschland?

A Feuerbestattung
B Sargbestattung
C Luftbestattung

9 Was ist ein Kolumbarium?

A Eine Sammlung von Pflanzen, die für Friedhöfe geeignet sind.

B Eine Mauer, in der Särge oder Urnen in Nischen gestellt werden.

C Ein Düngemittel speziell für Gräber.

10 Was ist keine Grabart?

A Wahlgrab

B Reihengrab

C Wunschgrab

11 Was versteht man unter dem Begriff „Reihengrab"?

A Einzelgrabstätten, die zeitlich und räumlich der Reihe nach belegt werden.

B Ein Grab, welches auch über die Verwesungszeit hinaus genutzt wird.

C Eine Grabart, welche eine bestimmte Reihenfolge der Bepflanzung vorgibt.

12 Was ist ein Wahlgrab?

A Eine Grabart, deren Bepflanzung ich frei wählen kann.

B Eine Grabart, dessen Grabstein ich frei wählen kann.

C Eine Grabart, deren Lage, Größe und Nutzungsdauer auf dem Friedhof frei gewählt werden kann.

13 Was versteht man unter der Belegungsdauer?

A Den Zeitraum, für den eine bestimmte Art der Bepflanzung vorgesehen ist.

B Die Ruhefrist eines Grabes.

C Die gesetzlich vorgeschriebene Vorbereitungsdauer für ein Wahlgrab.

14 Wonach richten sich die Maße eines Grabes?

A Nach den Regelungen der Friedhofssatzung.

B Nach der Größe des Verstorbenen.

C Nach der Größe des Sarges oder der Urne.

15 Von welchen Faktoren ist die Gestaltung eines Grabes abhängig?

A Von der Anzahl der Hinterbliebenen, die das Grab besuchen wollen.

B Vom Grabmal und dessen Standort in der Grabfläche.

C Von den Kränzen und Gebinden, die bei der Beerdigung auf die Grabfläche gelegt wurden.

16 **Was sollte bei der Gestaltung und Bepflanzung von Gräbern zu Grunde gelegt werden?**

- **A** Die Gestaltungsrichtlinien und Gesetze der Hinterbliebenen
- **B** Man kann die Grabstätten völlig frei gestalten
- **C** Die Gestaltungsrichtlinien des Bundes deutscher Friedhofsgärtner

17 **Wann ist im Normalfall eine Grabstättenerneuerung erforderlich?**

- **A** Nach fünf bis zehn Jahren
- **B** Nach zwei bis drei Jahren
- **C** Nach zwölf bis fünfzehn Jahren

18 **Welche Leistungen umfasst die Grabpflege nicht?**

- **A** Das Säubern der Grabfläche
- **B** Die Erstellung einer Wechselbepflanzung
- **C** Die Erneuerung des Grabmahles

19 **Was ist eine Dauergrabpflege?**

- **A** Die Grabpflege über Jahre durch die Angehörigen
- **B** Die Grabpflege und Grabbepflanzung für Jahre im Voraus durch den Friedhofsgärtner
- **C** Die Grabpflege für die Bestandsdauer des Friedhofes durch die Angehörigen

20 **Was ist eine Dauerbepflanzung?**

- **A** Eine dauernd neue Anpflanzung von Ein- und Zweijahresblumen.
- **B** Die Rahmenpflanzung für längere Zeit mit raumbildenden Gehölzen und Bodendeckern.
- **C** Eine Bepflanzungsart, die für die Öffnungsdauer des Friedhofes beständig bleibt.

21 **Was versteht man unter der Wechselbepflanzung eines Grabes?**

- **A** Raumbildende Gehölze und Bodendecker wechseln sich ab.
- **B** Eine Bepflanzung, die mit dem Besitzer des Grabes wechselt.
- **C** Eine jahreszeitlich wechselnde Bepflanzung mit Ein- und Zweijahresblumen.

22 **Was sind anonyme Felder auf einem Friedhof?**

- **A** Orte für die namenlose Beisetzung von Urnen.
- **B** Orte, an denen die Reihengräber noch nicht belegt sind.
- **C** Gräber auf dem Friedhof, deren Besitzer auf dem Grabstein nicht genannt werden.

23 **Was ist ein Memoriam-Garten?**

- **A** Eine chinesische Grabanlage.
- **B** Eine Grabanlage, in der Autoren beigesetzt liegen, die ihre Memoiren geschrieben haben.
- **C** Ein Garten mit verschiedenen Grabarten und Dauergrabpflege.

24 **Welches ist kein Gedenktag, an dem Hinterbliebene im Normalfall eine besondere Gestaltung des Grabes wünschen?**

- **A** Totensonntag
- **B** Sterbetag, Geburtstag
- **C** Halloween

25 **Welchen Bereich umfasst die Trauerfloristik?**

- **A** Trauerhallenschmuck, Kondolenzsträuße
- **B** Urnenschmuck, Adventskranz
- **C** Handstrauß für die Hochzeit, Trauerkranz

26 **Was ist kein Friedhofstyp?**

- **A** Parkfriedhof
- **B** Städtischer Friedhof
- **C** Waldfriedhof

27 **Was gehört nicht zum Inhalt einer Friedhofssatzung?**

- **A** Gebührenordnung
- **B** Vorschriften zur Grabgröße
- **C** Einsatz der Arbeitskräfte auf dem Friedhof

28 **Was bezeichnet man als Dauerbepflanzung?**

- **A** Die provisorische Bepflanzung kurz nach der Beisetzung
- **B** Die Bepflanzung im Herbst
- **C** Eine bodendeckende Bepflanzung und die Rahmenbepflanzung

29 **Welche Eigenschaften sollten Gehölze für eine Rahmenbepflanzung besitzen?**

- **A** Sie sollten kleinwüchsig sein und die volle Größe nach etwa 3 Jahren erreicht haben.
- **B** Sie sollten nicht winterhart sein.
- **C** Sie sollten möglichst groß und ausladend wachsen.

30 **Warum arbeitet man bei der Dekoration der Friedhofshalle gern symmetrisch?**

- **A** Damit man alles doppelt kaufen kann, Einzelpreise sind höher.
- **B** Damit der Gesamteindruck feierlich, ernst und würdig ist.
- **C** Um die Dekoration schneller fertigstellen zu können.

3 Fachrechnen

1 Rechnen Sie in die vorgegebene Einheit um!

A 1,75 € = ______ ct
B 1,5 h = ______ min
C 1,3 kg = ______ g
D 5,6 km = ______ m
E 70 mm = ______ cm

2 Ein rechtwinkliger Staudengarten hat eine Fläche von 74,75 m² und eine Länge von 11,5 m.

A Wie breit ist der Staudengarten?
B Wie viele Zaunfelder müssen bestellt werden, wenn der gesamte Staudengarten eingezäunt werden soll und ein Zaunfeld 1m lang ist?

3 Ein Gärtner bestellt folgende Gehölze zu den angegebenen Preisen:

13 Stück Sommerflieder (1 Stück kostet 8,10 €)
8 Stück Hartriegel (1 Stück kostet 7,40 €)
12 Stück Besenginster (1 Stück kostet 6,95 €)
10 Packungen (je 4 Stück) Rosen (1 Packung kostet 14,00 €)

A Wie viele Pflanzen bestellt der Gärtner insgesamt?
B Was muss der Gärtner insgesamt bezahlen?
C Wie hoch ist der Preis für eine Rose?

4 Auf einer Großbaustelle hatten vergangene Woche 2 Arbeiter Verletzungen. Auf der Baustelle arbeiten insgesamt 13 Mitarbeiter.

Wie viel Prozent der Baustellenarbeiter erlitten einen Arbeitsunfall?

5 In ihrer Klasse erzählen die Mitschüler von Unfällen, die sich in ihrem Ausbildungsbetrieb ereignet haben. In ihrer Klasse lernen zurzeit 25 Schüler. Davon konnten nur 8 nicht von einem Unfall berichten.

Wie viel Prozent ihrer Mitschüler haben von einem Unfall in ihrem Ausbildungsbetrieb erzählt?

6 Ein Gartengrundstück hat eine Länge von 164 m und eine Breite von 30 m.

A Wie groß ist die Grundstücksfläche?
B Wie viel Meter Zaun wird benötigt, wenn ein Tor mit einer Breite von 3,50 m eingebaut wird?

7 Herr Fleischer arbeitet in einer Baumschule. Sein Bruttolohn beträgt 9,00 € je Stunde. Er arbeitet im Monat 175 Stunden. Vom Bruttolohn gehen noch 439,00 € Sozialabgaben ab.

A Wie hoch ist der monatliche Bruttolohn?

B Wie hoch ist der Lohn nach Abzug der Sozialabgaben?

8 Ein Gärtner hat einen Arbeitslohn von 8,50 € pro Stunde.

A Wie hoch ist der Lohn des Gärtners bei 185 Arbeitsstunden im Monat?

B Wie hoch ist der Nettoarbeitslohn, wenn 20 % Sozialabgaben und 1 % Lohnsteuer abgezogen werden?

9 Werner stellt einen starken Blattlausbefall bei seinen Rosen fest. Er setzt eine Pflanzenschutzlösung für die 10 Liter Rückenspritze an. Die Lösung soll 1%ig sein.

Welche Menge Pflanzenschutzmittel muss Werner dem Wasser zugeben?

10 In einer Parkanlage soll eine Rasenfläche mit einer Länge von 30 m und einer Breite von 15 m angelegt werden. Rings um die Fläche sollen Rasenborde gesetzt werden.

A Wie viele Rasenborde müssen verbaut werden (1 Rasenbord = 1m)?

B Wie viel Quadratmeter Boden müssen bearbeitet werden?

C Wie viel kg Rasensaat muss bestellt werden, wenn pro Quadratmeter 20 g ausgebracht werden?

11 Wie viel Kilogramm hat eine Tonne?

A 100 kg

B 10 000 kg

C 1000 kg

12 In einer Woche werden folgende Niederschlagsmengen gemessen:

Montag 0 mm
Dienstag 3,5 mm
Mittwoch 7,8 mm
Donnerstag 1,2 mm
Freitag 0 mm
Sonnabend 0,5 mm
Sonntag 1,7 mm

A Wie viel Millimeter Niederschlag ist in der gesamten Woche gefallen?

B Wie hoch ist der Durchschnitt für die gesamte Woche?

13 **Ein 3,0 m breites und 2,0 m langes Pflanzbeet soll mit Rindenmulch abgedeckt werden.**
Wie viel Rindenmulch wird bei einer Schichtstärke von 0,1 m benötigt?

14 **Für einen 11er Topf benötigt man ca. 0,75 Liter Erde.**
Wie viel Liter Erde werden für 1000 11er Töpfe benötigt?

15 **Der Wetterbericht meldet einen Niederschlag von 20 mm. Wie viel Liter sind das auf 1 m²?**
- **A** 0,2 l
- **B** 20 l
- **C** 2 l

16 **Ein Regner bringt pro Stunde 3 mm Niederschlag/m².**
Wie viel Liter Wasser werden auf einer Fläche von 330 m². ausgebracht?

17 **Am Wochenende hat es 30 mm geregnet.**
Wie viel Liter pro m² entspricht diese Niederschlagsmenge?

18 **Auf einer Freifläche, die 65 m lang und 20 m breit ist, sollen pro m² 40 g Volldünger gestreut werden.**
Wie viel kg Dünger werden benötigt?

19 **Auf einer Fläche von 300 m² sollen Pflanzen im Abstand von 0,3 m × 0,3 m gepflanzt werden.**
Wie viele Pflanzen sind erforderlich?

20 **Eine Fläche von 25 m² soll mit Platten von 25 cm × 25 cm gepflastert werden.**
Wie viele Platten werden gebraucht?

21 **Ein Gewächshaus ist 25 m lang und 13 m breit. Der Mittelweg hat eine Breite von 1 m.**
- **A** Wie viel m² hat die Nettokulturfläche?
- **B** Wie viele Topfpflanzen im 9er Vierecktopf können maximal aufgestellt werden?

22 **Eine Lieferung von 7320 Jungpflanzen wird in 9er Vierecktöpfe getopft und im Viereckverband Topf an Topf ausgestellt. Die Tische haben die Maße von 1,80 m Breite und 6,00 m Länge.**
Wie viele Tische werden benötigt?

23 **Es werden 640 ml Düngemittel in 1200 Liter Wasser aufgelöst.**
Wie viel % beträgt die Konzentration der Düngemittellösung?

24 **Sie sollen auf einer Fläche von 0,2 ha Rindenmulch in einer Schichtstärke von 8 cm auftragen.**
Wie viel m^3 Rindenmulch sind erforderlich?

25 **Eine Substratlieferung von 3 m^3 soll mit der Schubkarre (80 l Fassungsvermögen) ins Gewächshaus gebracht werden.**
Wie häufig muss die Schubkarre gefüllt werden?

26 **Ein Grab mit einer Größe von 1,80 m × 2,00 m wird neu angelegt. Dabei wird der Boden 14 cm tief ausgetauscht.**
Wie viele Säcke (80 l Inhalt) mit Pflanzsubstrat werden zum Auffüllen benötigt?

27 **Auf der Gebrauchsanweisung eines Insektizides steht, dass bei Topfpflanzen mit einer Gefäßgröße von 10 cm, 1 kg Insektizid in 200 l Wasser/100 m^2 ausgebracht werden sollen.**
Wie viel Insektizid und Wasser wird bei einer Fläche von 270 m^2 benötigt?

28 **Eine Düngemittellösung von 1000 Liter hat eine 0,2%ige Konzentration. Sie soll durch Zugabe von Düngesalz zu einer 0,5%igen Konzentration verstärkt werden.**
Wie viel kg Düngesalz müssen Sie zugeben?

29 **Sie sollen 22000 Pflanzen in Vierecktöpfe (9,0 cm × 9,0 cm × 8,0 cm) topfen. 1000 Töpfe kosten 23,89 € zuzüglich 19 % Mehrwertsteuer.**

A Wie viel Substrat benötigen Sie, um alle Pflanzen zu topfen, wenn die Töpfe locker bis zum Rand gefüllt werden sollen.

B Was berechnet der Lieferant für die gelieferten Töpfe?

30 **Rechnen Sie in die jeweils angegebene Einheit um!**

A 1 t = ______ kg
B 200 kg = ______ t
C 5 ha = ______ m^2
D 1000 cm^2 = ______ m^2
E 1000 ml = ______ l
F 10 m^3 = ______ l

31 **Sie sollen eine 25,5 m lange Böschung mit Beton-Palisaden abfangen. Eine Palisade hat die Maße 12,5 cm × 15 cm.**
Wie viele Palisaden benötigen Sie?

32 **Ein LKW hat laut Lieferschein 17,5 t Mineralgemisch geliefert. Die Pritsche ist 4,0 m lang, 2,5 m breit und 0,8 m hoch beladen.**
Wie viel Tonnen wiegt 1 m^3 Mineralgemisch?

33 **Ein Gewächshaus hat eine Länge von 20 m und eine Breite von 15 m. Die Nutzfläche besteht aus 4 Tischen mit einer Länge von 8,0 m und einer Breite von 1,20 m und 12 Tischen mit einer Länge von 10 m und einer Breite von 1,50 m.**
Berechnen Sie die Nutz- und Wegefläche und geben Sie diese in % an

34 **Sie erhalten den Auftrag, 1500 Pelargonien in 12er Töpfe zu topfen. Ein 12er Topf hat folgende Maße: Breite 7,5 cm, Höhe 10,5 cm.**

- **A** Wie viel l Substrat werden benötigt?
- **B** Wie viel Säcke Substrat müssen bestellt werden, wenn ein Sack 80 l beinhaltet?
- **C** Wie hoch sind die Kosten, wenn ein Sack 8,30 € kostet?

35 **Bei der Aussaat von 28 g Stiefmütterchen-Saatgut kann man im Durchschnitt mit 300 Pflanzen rechnen.**
Wie viele Stiefmütterchen kann man von 35 g Saatgut erwarten?

36 **Für Pflanzarbeiten benötigen 3 Gärtner 8 Stunden.**
Wie viel Zeit benötigen 4 Gärtner für dieselbe Arbeit?

37 **Ein Gärtnergehilfe kommt bei 165 geleisteten Arbeitskraftstunden im Monat auf einen Bruttolohn von 1732,63 €. Wie hoch ist dieser Bruttolohn bei**

- **A** 160 Stunden
- **B** 180 Stunden
- **C** 120 Stunden

38 **Ein Dieselmotor verbraucht in 5 Stunden 11,8 l Dieselöl.**
Wie viel Liter Dieselöl werden im Jahr bei 2500 Betriebsstunden verbraucht?

39 **Berechnen Sie den Materialbedarf für folgende Situation:**
Es soll ein Parkplatz mit den Maßen 6 m × 10 m errichtet werden. Verwendet werden Rasenborde von 1m Länge und Pflastersteine mit den Maßen 10 cm × 20 cm × 8 cm (50 Stück je Quadratmeter).

- **A** Wie viele Rasenborde werden benötigt?
- **B** Wie viele Pflastersteine werden benötigt, wenn mit 5% Verschnitt gerechnet werden muss?

40 **Die Tageseinnahmen einer Gärtnerei betragen am Montag 2580,00 €, am Dienstag 2850,00 €, am Mittwoch 1830,00 €, am Donnerstag 1760,00 €, am Freitag 2620,00 € und am Sonnabend 3140,00 €.**
Wie hoch ist die durchschnittliche Tageseinnahme?

41 **Ein Kunde kauft in einer Baumschule für 2132,00 € ein. Als Sofortbezahler erhält er 3 % Rabatt.**
Wie hoch ist der Rechnungsbetrag?

42 **Wandeln Sie in die angegebenen Maße um!**

- **A** 8,32 mm = ______ cm
- **B** 38 cm = ______ m
- **C** 482 cm = ______ m
- **D** 12 dm = ______ mm
- **E** 37 km = ______ dm

43 **Addieren Sie und geben Sie die Summe in km an!**
28,3 km + 27 m + 3,8 km + 8,02 m + 63,07 km

44 **Berechnen Sie die Kosten für ein Reihengrab mit jahreszeitlicher Wechselbepflanzung.**
Frühjahr:
25 Stiefmütterchen je 0,80 €
Sommer:
8 Pelargonien je 1,80 €
8 Leberbalsam je 1,15 €
6 Chrysanthemen je 4,95 €
Herbst:
5 Winterheide je 1,89 €
1 Schale zu 45,00 €
Winterabdeckung mit Reisig 28,00 €
Arbeitszeit 250 Minuten je 0,75 €
Mehrwertsteuer 19 %

45 **In Ihrem Betrieb wurden 14300 Stiefmütterchen kultiviert. Davon wurden 13893 verkauft.**

- **A** Wie hoch ist der Verlust in Stückzahlen?
- **B** Wie hoch ist der Verlust in %?

46 **In der Gärtnerei wird Heizöl benötigt. Der Tank fasst 50 000 Liter und enthält noch 2351 Liter.**

- **A** Wie viel Liter muss nachgetankt werden?
- **B** 1 Liter Öl kostet 1,13 Euro. Wie hoch ist die Rechnung?

47 **Ein Kunde in Ihrer Gärtnerei zahlt mit einem 100,00 Euro Schein folgende Summen: 17,22 €; 2,45 €; 12,73 €; 7,93 €; 24,86 €.**
Berechnen Sie das Rückgeld.

48 **Verwandeln Sie folgende Massemaße (Gewichte):**

A 4,2 kg = ______ g
B 825 kg = ______ l
C 2,7 g = ______ cm^3
D 19 dt = ______ m^3
E 0,57 dt = ______ l
F 0,008 kg = ______ cm^3

49 **Eine Faustzahl besagt, dass je m^3 Topferde 1,5 kg eines Volldüngers zu düngen sind.**
Wie viel kg werden für 7,8 m^3 Erde benötigt?

50 **Ein Samentütchen enthält 2000 Körner.**
Wie viel Körner keimen, wenn die Keimfähigkeit 87% beträgt?

Lösungen

1 Allgemeines Fachwissen

1.1 Pflanzenkenntnisse

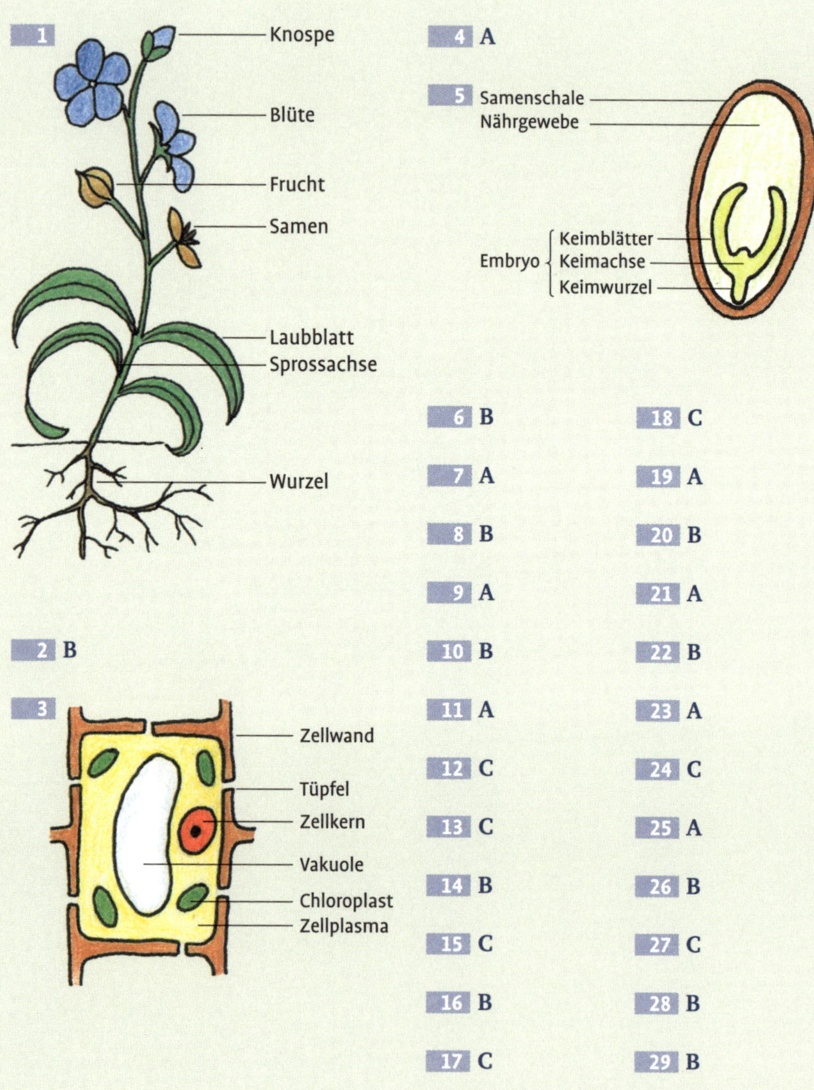

1 (Abbildung)

2 B

3 (Abbildung)

4 A

5 (Abbildung)

6 B

7 A

8 B

9 A

10 B

11 A

12 C

13 C

14 B

15 C

16 B

17 C

18 C

19 A

20 B

21 A

22 B

23 A

24 C

25 A

26 B

27 C

28 B

29 B

30 C

31 C

32 C

33 C

34 A

35 B

36 C

37 C

38

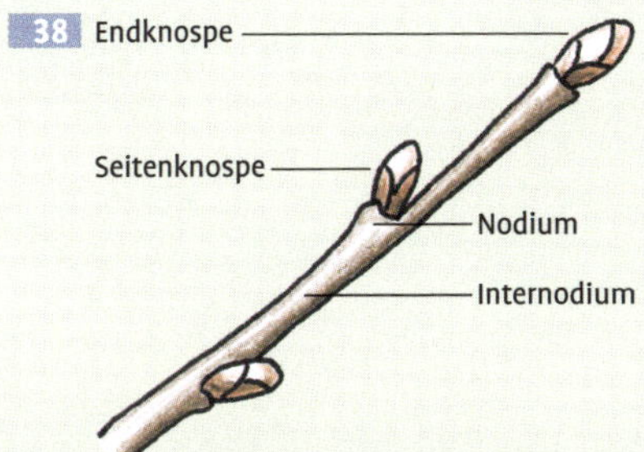

39

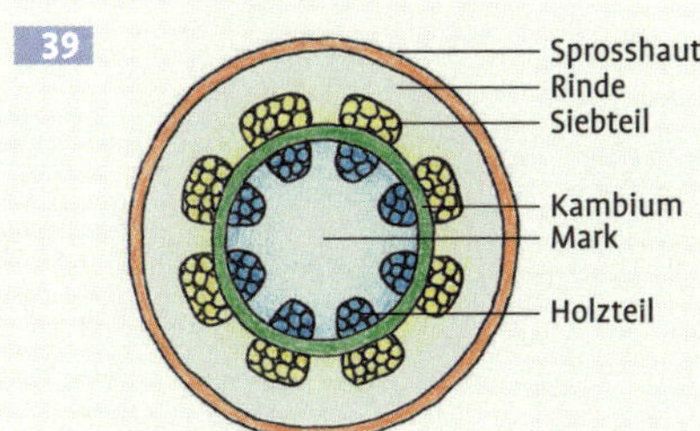

40 C

41 B

42 A

43 A

44 B

45 A

46 B

47 A

48 B

49 A

50 C

51 A

52 A

53 B

54 A

55 C

56 A

57

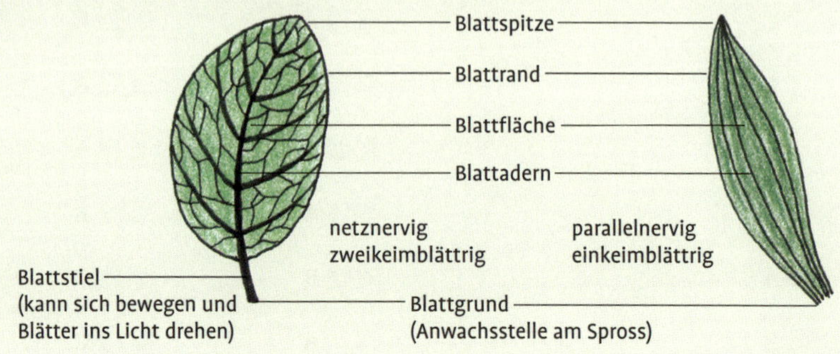

58 B

59 B

60 B

61 B

62 C

63 A

64 A

65 C

66 C

67 A

68 B

69 A

70 A

71 C

72 A

73 B

74 B

75 A

76 C

77 B

78

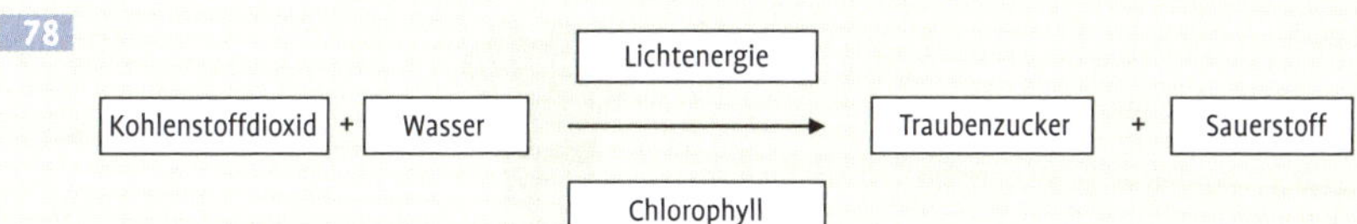

79 C

80 A

81 C

82 A

83 A

84 A

85 B

86

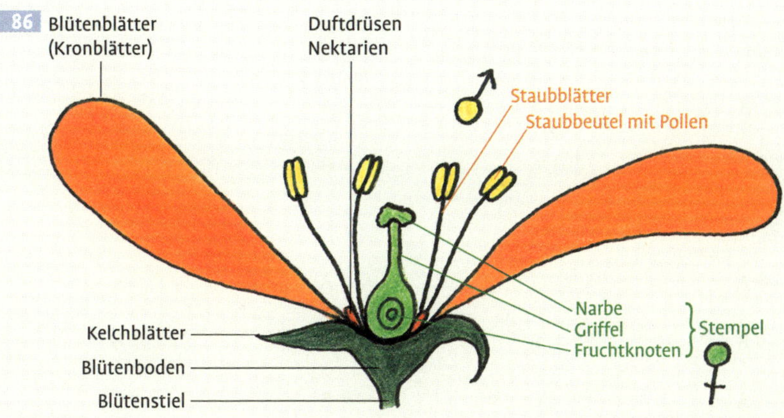

87 B

88 B

89 A

90

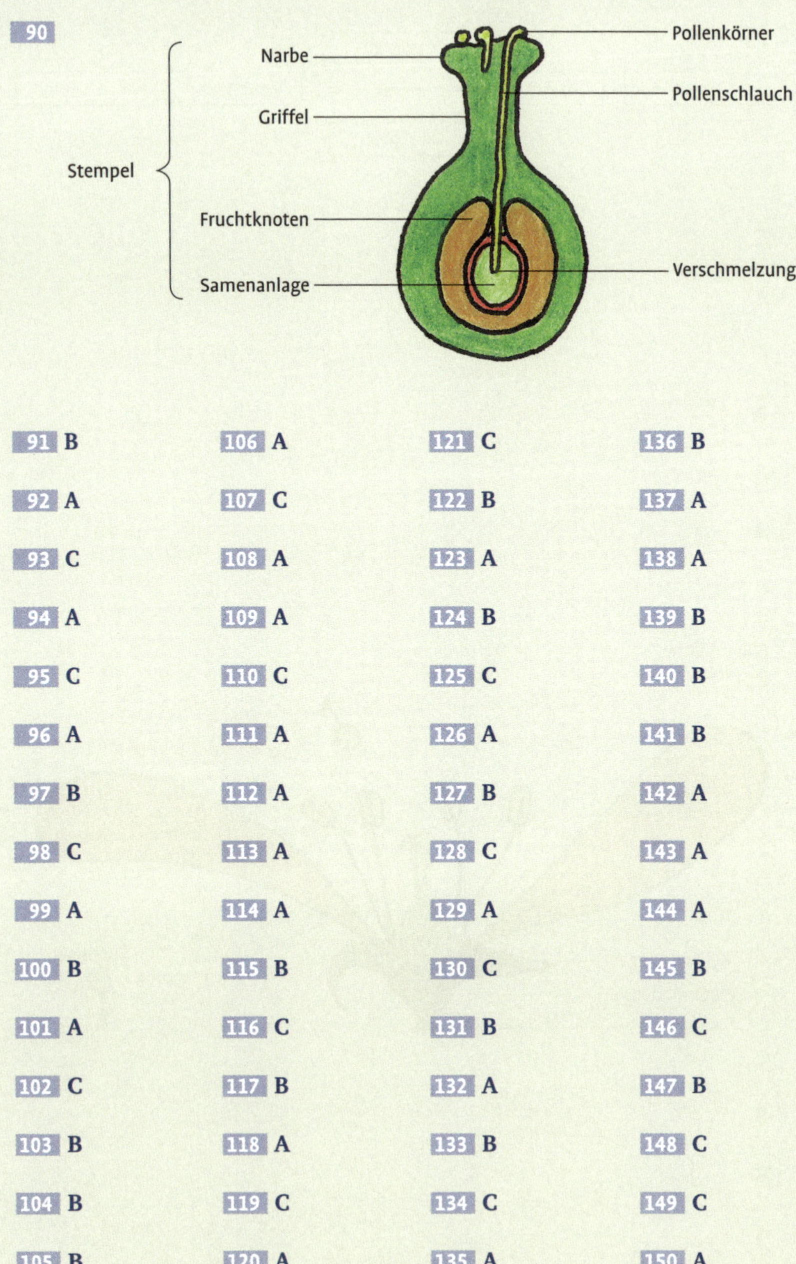

91 B
92 A
93 C
94 A
95 C
96 A
97 B
98 C
99 A
100 B
101 A
102 C
103 B
104 B
105 B

106 A
107 C
108 A
109 A
110 C
111 A
112 A
113 A
114 A
115 B
116 C
117 B
118 A
119 C
120 A

121 C
122 B
123 A
124 B
125 C
126 A
127 B
128 C
129 A
130 C
131 B
132 A
133 B
134 C
135 A

136 B
137 A
138 A
139 B
140 B
141 B
142 A
143 A
144 A
145 B
146 C
147 B
148 C
149 C
150 A

151 B
152 B
153 A
154 C
155 B
156 A
157 B
158 A
159 C
160 C
161 B
162 B
163 C
164 C
165 A
166 B
167 C
168 A
169 A
170 B
171 A
172 C
173 C
174 A
175 B
176 C
177 C
178 A
179 B
180 A
181 B
182 C
183 A
184 B
185 C
186 A
187 A
188 C
189 A
190 C
191 B
192 C
193 C
194 B
195 B
196 B
197 B
198 B
199 C
200 A
201 A
202 C
203 A
204 A
205 B
206 C
207 A
208 B
209 A
210 C
211 A
212 C
213 B
214 A
215 B

1.2 Bodenkunde, Erden und Substrate

1 A	21 B	41 B	61 B
2 B	22 A	42 B	62 C
3 C	23 C	43 C	63 A
4 B	24 B	44 B	64 C
5 B	25 B	45 C	65 A
6 C	26 C	46 B	66 C
7 C	27 C	47 C	67 A
8 A	28 C	48 A	68 B
9 B	29 A	49 B	69 B
10 B	30 A	50 C	70 A
11 B	31 C	51 B	71 B
12 C	32 A	52 C	72 A
13 C	33 B	53 B	73 A
14 A	34 A	54 A	74 B
15 B	35 B	55 A	75 C
16 C	36 A	56 B	76 B
17 C	37 B	57 C	77 C
18 B	38 A	58 A	78 A
19 A	39 A	59 B	79 B
20 A	40 C	60 B	80 A

81 A	89 C	97 A	105 C
82 C	90 B	98 C	106 B
83 C	91 B	99 C	107 A
84 B	92 C	100 B	108 B
85 C	93 A	101 C	109 C
86 B	94 B	102 C	110 B
87 C	95 C	103 A	111 A
88 C	96 B	104 B	112 C

1.3 Pflanzenernährung, Düngung

1 A	20 C	39 A	58 C
2 A	21 A	40 B	59 A
3 B	22 C	41 A	60 B
4 A	23 B	42 B	61 C
5 B	24 A	43 A	62 B
6 A	25 B	44 C	63 C
7 A	26 A	45 A	64 C
8 C	27 C	46 A	65 A
9 B	28 B	47 A	66 B
10 B	29 B	48 B	67 A
11 C	30 A	49 C	68 B
12 A	31 B	50 B	69 B
13 A	32 B	51 A	70 C
14 B	33 C	52 B	71 A
15 C	34 C	53 B	72 C
16 A	35 B	54 C	73 B
17 A	36 B	55 B	74 C
18 B	37 A	56 A	75 A
19 C	38 A	57 A	

1.4 Pflanzenschutz

1 B	16 C	31 C	46 C
2 B	17 A	32 B	47 C
3 B	18 B	33 B	48 A
4 A	19 B	34 A	49 B
5 B	20 A	35 B	50 A
6 A	21 C	36 C	51 B
7 B	22 C	37 A	52 B
8 C	23 C	38 B	53 A
9 A	24 B	39 C	54 B
10 A	25 A	40 C	55 C
11 B	26 A	41 A	56 C
12 A	27 C	42 C	57 C
13 B	28 A	43 B	58 B
14 A	29 A	44 A	59 A
15 B	30 B	45 B	60 C

61

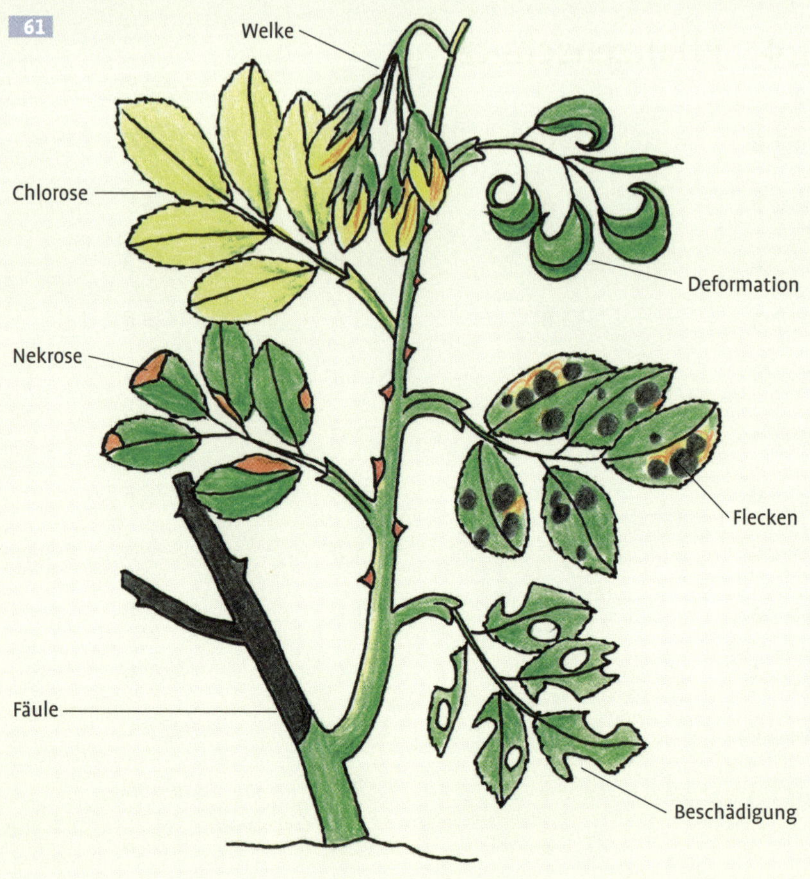

62 C

63 B

64 A

65 B

66 C

67 C

68 A

69 C

70 A

71 B

72 B

73 A

74 A

75 C

76 B

77 C

78 A

79 B

80 C

81 A

82 B

1.5 Maschinen, Anlagen, Geräte

1 C

2 A

3 B

4 B

5 A

6 B

7 C

8 B

9 B

10 B

11 A

12 A

13 B

14 B

15 C

16 B

17 A

18 B

19 A

20 B

21 A

22 C

23 B

24 C

25 A

26 A

27 C

28 B

29

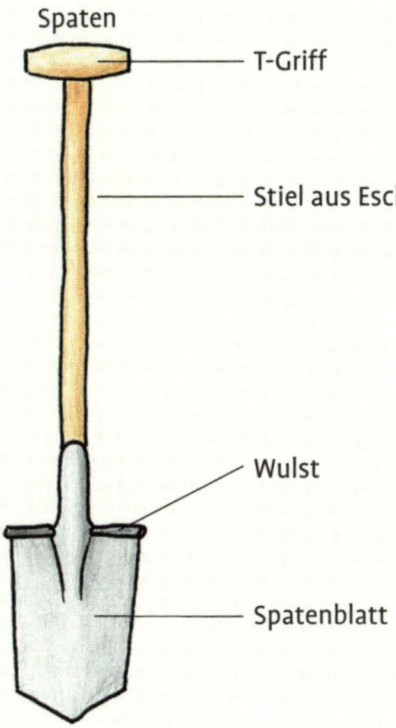

Spaten

T-Griff

Stiel aus Eschenholz

Wulst

Spatenblatt

30 B

31

32 A

33 B

34 A

35 C

36 B

37 C

38 C

39 A

40 B

41 C

42 A

43 B

44 C

45 B

46 B

47 C

48 A

49 B

50 C

51 A

52 C

53 C

54 C

55 B

1.6 Betriebswirtschaftliche Grundlagen

1 A
2 B
3 A
4 A
5 A
6 B
7 C
8 B
9 B
10 B
11 C
12 A
13 A
14 B
15 B
16 C
17 A
18 C
19 C
20 A

21 C
22 C
23 C
24 C
25 C
26 A
27 C
28 B
29 C
30 B
31 B
32 B
33 B
34 A
35 B
36 B
37 C
38 A
39 B
40 B

41 C
42 A
43 A
44 C
45 A
46 A
47 A
48 B
49 B
50 A Arbeitsschutzhelm
B Gehörschutz
C Arbeitsschutzschuhe
D Schutzbrille
E Schutzanzug

51 A
52 B
53 B
54 C
55 A
56 B
57 C
58 A

59 B
60 C
61 B
62 A
63 C
64 B
65 A
66 C

67 C
68 A
69 B
70 C
71 A
72 B
73 B
74 B
75 B
76 C
77 B
78 B
79 C
80 B
81 C
82 A
83 C
84 A
85 B
86 C
87 A
88 B
89 B
90 A
91 A
92 B
93 B
94 A
95 C
96 A
97 A
98 B
99 C
100 A

2 Besonderes Fachwissen

2.1 Fachwissen Zierpflanzenbau

1 B

2 A

3 A

4

Schale befüllen — abstreichen — andrücken

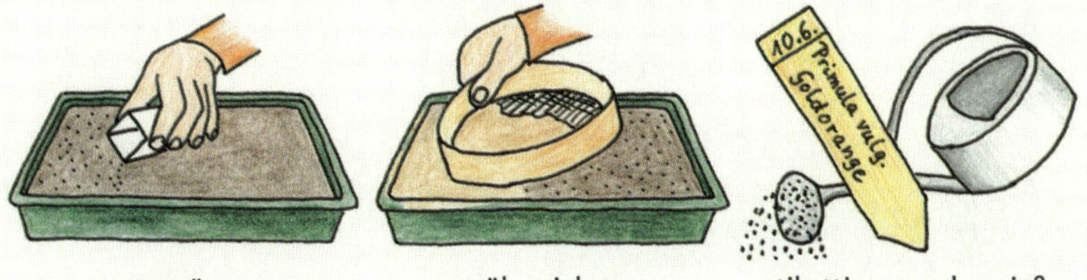

aussäen — übersieben — etikettieren und angießen

5 C

6 A

7 B

8 A

9 A

10 B

11 B

12 A

13 A

14 C

15 A

16 B

17 C

18 C

19 B

20 A

21 C

22 B

23 A

24 C

25 B

26 B

27 A

28 B

29 A

30 C

31 B

32 B

33 A

34 A

35 B

36 C

37 A

38 B

39 A

40 B

41 A

42 A

43 C

44 A

45 B

46 C

47 A

48 B

49 C

50 A

51 B

52 B

53 A

54 C

55

Wasserstands-
anzeiger
Maximum
Optimum
Blähton
Minimum
Kulturtopf
Hydrogefäß
Schwimmer
Nährlösung

56 A

57 C

58 C

59 B

60 A

61 C

62 B

63 B

64 A

65 A

66 A

67 C

68 C

69 B

70 A

71

a Fundament
b Binder
c Pfetten
d Sprossen
e Rinne
f Stehwand
g Lüftung
h Scheiben
i Zugband
k Dachneigung
l Rastermaß
m Windverbände

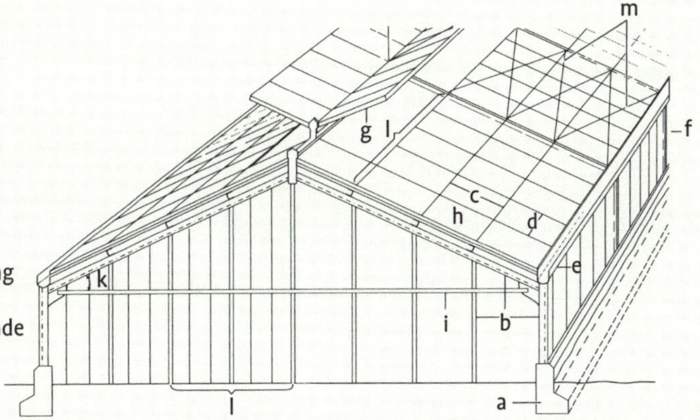
m
g
l
f
c
h
d'
e
k
i
b
a
l

72 B

73 C

74 A

75 B

76 C

77

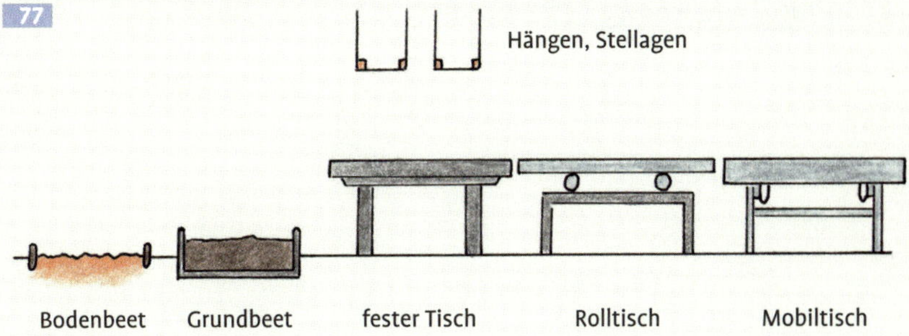
Hängen, Stellagen
Bodenbeet
Grundbeet
fester Tisch
Rolltisch
Mobiltisch

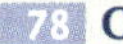

78 C

79 A

80 B	89 A	98 C	107 C
81 A	90 B	99 B	108 B
82 B	91 B	100 C	109 A
83 C	92 A	101 B	110 A
84 A	93 B	102 C	111 B
85 B	94 C	103 A	112 A
86 A	95 C	104 C	113 C
87 B	96 B	105 A	114 A
88 C	97 B	106 B	115 B

2.2 Fachwissen Garten- und Landschaftsbau

1 B

2 C

3 A

4 B

5 C

6 B

7 C

8 A

9 B

10 C

11 A

12 B

13 C

14 C

15 A

16 A

17 C

18

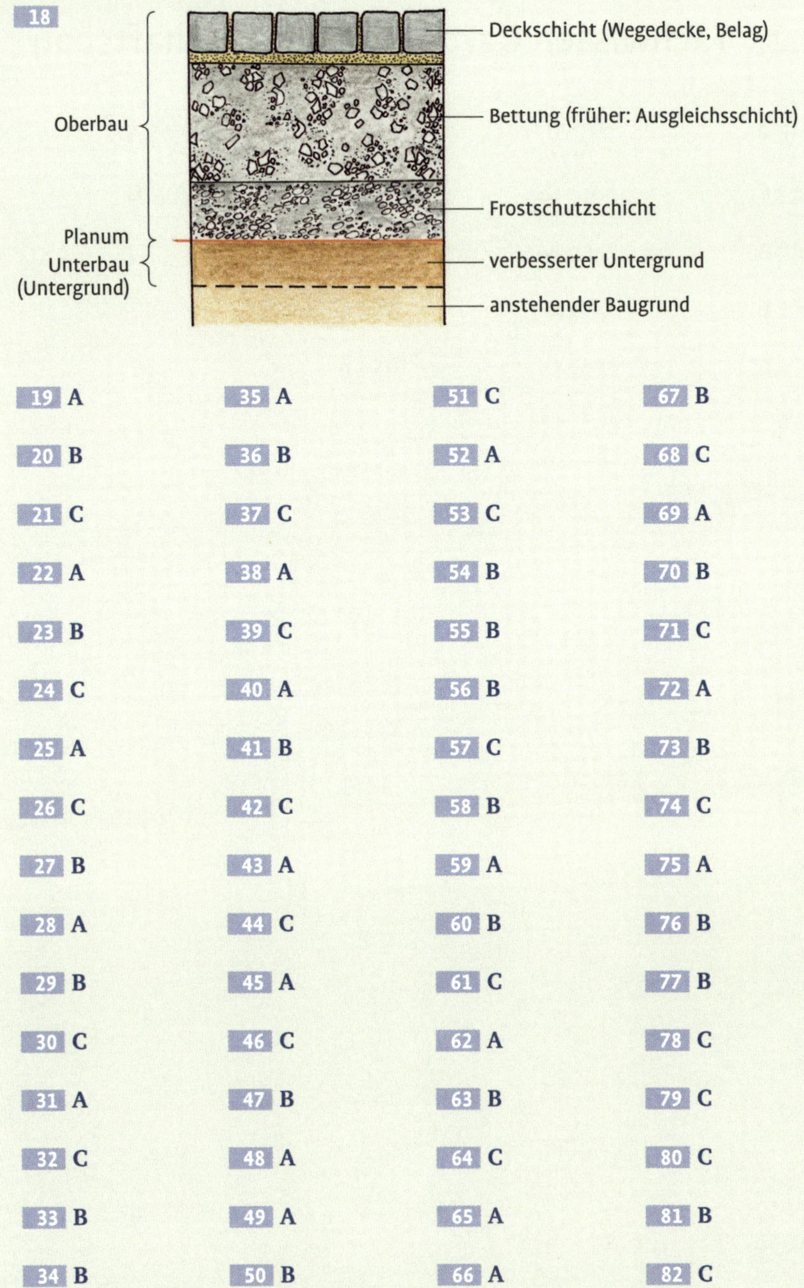

19 A
20 B
21 C
22 A
23 B
24 C
25 A
26 C
27 B
28 A
29 B
30 C
31 A
32 C
33 B
34 B
35 A
36 B
37 C
38 A
39 C
40 A
41 B
42 C
43 A
44 C
45 A
46 C
47 B
48 A
49 A
50 B
51 C
52 A
53 C
54 B
55 B
56 B
57 C
58 B
59 A
60 B
61 C
62 A
63 B
64 C
65 A
66 A
67 B
68 C
69 A
70 B
71 C
72 A
73 B
74 C
75 A
76 B
77 B
78 C
79 C
80 C
81 B
82 C

83 C

84 B

85 B

86 B

87 A

88 C

89 A

90 B

91 C

92 A

93

Rüttelplatte, Vibrationsplatte

Rüttelstampfer, Frosch

Schaffußwalze, Grabenwalze

Rüttelwalze, Vibrationswalze

94 A

95 B

96 A Baggerlader
B Laderaupe
C Radlader

97 C

98 B

99 B

100 A

101 C

102 C

103 B

104 B

105 C

106 A

107 B

108 C

109 A

110 B

111 B

112 A

113 C

114 A
115 B
116 C
117 A
118 B
119 B
120 C
121 A
122 C
123 B
124 C
125 A
126 B
127 A
128 C
129 A
130 C
131 A
132 B
133 C
134 A
135 B
136 A
137 C
138 A
139 B
140 A
141 C
142 B
143 C
144 C
145 A
146 B
147 B
148 A

2.3 Fachwissen Friedhofsgärtner

1 C
2 A
3 A
4 B
5 B
6 C
7 A
8 C
9 B
10 C
11 A
12 C
13 B
14 A
15 B
16 C
17 A
18 C
19 B
20 B
21 C
22 A
23 C
24 C
25 A
26 B
27 C
28 C
29 A
30 B

3 Fachrechnen

1 **A** 175 ct
B 90 min
C 1300 g
D 5600 m
E 7 cm

2 **A** 6,5 m
B 36

3 **A** 73
B 387,90 €
C 3,50 €

4 15,38 %

5 68 %

6 **A** 4920 m^2
B 384,50 m

7 **A** 1575 €

8 **A** 1572,50 €
B 1242,28 €

9 100 ml

10 **A** 90 Borde
B 450 m^2
C 9 kg

11 **C**

12 **A** 14,7 mm
B 2,1 mm

13 0,6 m^3

14 750 Liter

15 **B**

16 990 Liter

17 30 Liter

18 52 kg

19 3334 Pflanzen

20 400 Platten

21 **A** 312 m^2
B 38519

22 5,5 Tische

23 0,53 %

24 16 m^3

25 37,5 mal

26 6,3

27 2,7 kg Pflanzenschutzmittel
540 l Wasser

28 3 kg

29 **A** 14,256 m^3
B 625,44 €

30 A 1000 kg
B 0,2 t
C 50000 m^2
D 0,1 m^2
E 1 l
F 10000 l

31 204

32 2,1875 t

33 72,8 % Nutzfläche
27,2 % Wegefläche

34 A 1417,5 l
B 17,7 Säcke
C 149,40 €

35 375 Pflanzen

36 6 Stunden

37 A 1680,13 €
B 1890,14 €
C 1260,10 €

38 **5900 l**

39 A 32 Borde
B 3150 Steine

40 2463,33 €

41 2068,04 €

42 A 0,832 cm
B 0,38 m
C 4,82 m
D 1200 mm
E 370000 dm

43 95,2 km

44 408,47 €

45 A 407
B 2,85 %

46 A 47649 l
B 53843,37 €

47 34,81 €

48 A 4200 g
B 0,825 l
C 2,7 cm^3
D 1,9 m^3
E 57 l
F 8 cm^3

49 11,7 kg

50 1740

Verwendete Literatur

Grieb, O. (2011): Der Werker – Grundlagen Gartenbau, 2.Auflage. Verlag Eugen Ulmer, Stuttgart

Grieb, O. (2007): Der Fachwerker – Zierpflanzenbau. Verlag Eugen Ulmer, Stuttgart

Grieb, O.; Schöler, M. (2009): Der Werker – Garten- und Landschaftsbau. Verlag Eugen Ulmer, Stuttgart

Degen, M.; Schrader, K. (2010): Grundwissen für Gärtner – Übungsbuch. Verlag Eugen Ulmer, Stuttgart

Herold, K. (Hrsg.) (2003): Fachrechnen. Verlag Eugen Ulmer, Stuttgart

Bildquellen

Archiv Ulmer: Symbole auf den Seiten 28, 30, 31

Baumeister, Werner: Titelbilder

Grieb, Ortrud: Abb. Seite 1-18, 62, 68, 69 links, 80-83, 89, 90, 96, 99, 100, 107, 117, 118, 123

Folgende Zeichnungen fertigte Artur Piestricow (teils nach Vorlagen der Autorin): Abb. Seite 19, 20, 22, 113, 114

Alle anderen Abbildungen stammen, wenn nicht anders vermerkt, von der Autorin.

Die in diesem Buch enthaltenen Empfehlungen und Angaben sind vom Autor mit größter Sorgfalt zusammengestellt und geprüft worden. Eine Garantie für die Richtigkeit der Angaben kann aber nicht gegeben werden. Autor und Verlag übernehmen keinerlei Haftung für Schäden und Unfälle.

Bibliografische Information der Deutschen Nationalbibliothek
Die Deutsche Nationalbibliothek verzeichnet diese Publikation in der Deutschen Nationalbibliografie; detaillierte bibliografische Daten sind im Internet über http://dnb.d-nb.de abrufbar.

Wollgrasweg 41, 70599 Stuttgart (Hohenheim)
E-Mail: info@ulmer.de
Internet: www.ulmer.de
Lektorat: Werner Baumeister, Anna Häusler
Herstellung: Silke Reuter
Satz: primustype Hurler GmbH, Notzingen
Druck und Bindung: Friedrich Pustet, Regensburg
Printed in Germany

ISBN 978-3-8001-1279-1